九仙二佛傳

(明)崔巖撰

據國家圖書館藏清同治十一年(一八七二)重刻本影印原書版框高二十一點三厘米寬十三點二厘米

同治壬申年重刊

九仙二佛傳

板存郴州九經堂

印送者板不取錢

蘇僊山景蹟
蘇仙圖
卷一
蘇僊
馬嶺山
後山
景星觀
飛丹石
石窖
山在郡東五里
牛脾山
仙桃石
白鹿洞
洞亭
仙母潘氏墓
橘井觀
橘井
蘇仙橋

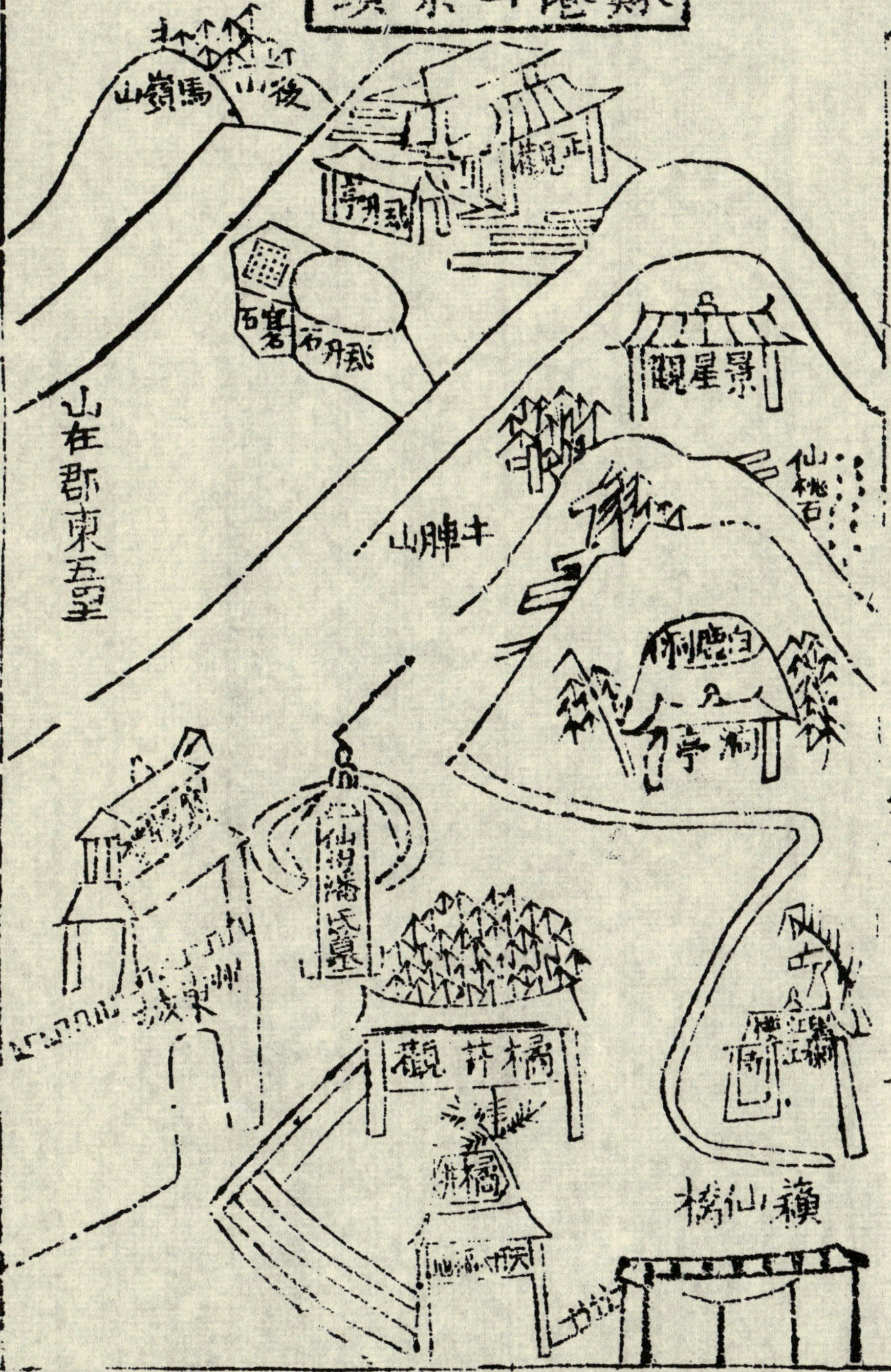

郴陽僊傳

郡人崔　巖撰　何孟春
袁子讓訂郡庠後學崔照校

漢蘇僊傳

漢蘇僊䭸，文帝朝桂陽郡人也。母潘氏，家郡之便縣（便縣今永興縣後移居郡東鴉子塘），嘗於江邊澣水，有五色苔浮于水，飄而去復來，繞指者三，乃取吞之，既而有孕，誕真人（時惠帝五年辛亥七月十五日）。衆皆異焉，母乃置之屋後牛脾山石洞中（山在郡東，今謂之蘇仙山），七日往視，則有白鶴覆之，白鹿乳焉（今名洞為白鹿洞）。後取歸養，既長入學，師欲為立姓名，令出門自所見。曰適有攜禾者，以草貫魚，遂命姓蘇名䭸。䭸事母以孝聞，居郡城東，嘗遇異人授神僊術，能隱顯變化而莫測也。日與羣兒牧牛，真人所牧者徘徊馴擾，斃不驅而歸，衆號為牛師（見真人行狀）。真人嘗乘一白鹿，陟險如馳，人問何以乘此，曰自然也（一作龍也）。又侍膳，母思鮓，真人放箸去，有頃持鮓獻，母問所從來，曰適自便縣市至（便縣距郡八十里）。時母食猶未徹（母曰汝延我乎，真人曰市鮓時有舅氏在，請後驗之），數日後舅氏入郡，乃云前日在邑見甥市鮓，母始駭異，真

人每持一竹杖（衆咸謂之龍杖）一日忽灑掃庭除若有所待家人問其故曰僊侶當降有頃紫氣氤氳從西北下有十鶴集其庭形色聲音皆人也與真人語款密如故真人入白母曰躭已成道被命將昇僊役臨門不得終養即刻辭訣母歔欷久之曰吾何以卒歲真人乃留一櫃緘鑰甚固曰凡有缺扣櫃呼之所需必得慎勿發也又明年郡人當有疫可取庭前井水橘葉救之（即今仙宅內井）庶幾所資亦助甘旨（桂陽先賢傳謂蘇躭后仙橘下種藥可治百病又先賢畫像贊亦然）語畢幢節

森列出門羣鶴隨之迤邐升天而異香天樂彌日不散（時文帝三年甲子五月十五日也今沈香石上有昇天足迹存焉）明年郡果大疫百姓競來謁母施以井水無不瘥者繇是用度頗足其或有扣櫃所需即至衆有疑或請徹覰乃有鶴自櫃飛去後扣無復應矣滿年百歲無恙而終鄉人殯于城東（即橘井後）人望牛脾山若有白馬聲林間遥聞有哭聲郡守張邈率僚屬往吊之求見僊顏出半面光彩照人又語一大手有緑毛長尺餘因謂守曰山谷幽邃旦暮難歸遂手擲僊

經成橋令衆閉目而渡少焉即抵城（行伏識逾衆登橋頃刻乎）郡有郡倅情聆八馬俱墜但見赤龍亘空中路經日乃還三歲後白馬亦不見後號蘇山爲白馬嶺居天下第十八福地後有鶴止郡東樓累日不去少年以彈中之乃以爪攫板成字曰風淅淅兮雨霏霏城郭是今人民非三百甲子當來歸吾是蘇耽彈我何爲鄉人漆其板而留之今橘井之水有光發于水下（郡志橘井取水置之有一點金燦爛）又傳嶺有石俗呼爲桃石者剖之紋核如生世傳僊桃爲眞人所化其神異類此（酉陽雜俎載仙桃出郴州蘇耽仙桃又郡圖志馬嶺山亦多爬蛇殺人摩桃石服之可解）唐

開元十九年詔有司飾其祠宇時刺史孫會因刻石銘厥美宋大中祥符元年勅賜第爲集靈觀元佑初有林愈過齊州章丘縣見壁上有丹書云蘇僊眞人詣東嶽回過此因留詩曰東南閒望景清虛萬里雲程半日餘回過章丘留此語歸郴重庇舊鄉閭祠之筆法奇怪越七年出守郴始知郴有蘇僊僊之陰功默被于郴人者深矣元符三年郡旱請雨輒應州上其事勅封冲素眞人紹興間加封普應嘉定十五年再加封靜惠是歲二月二十

又日忽有一鶴飛繞蘇山後詣至郴，乃于是日命下。其靈應如是。至景定十五年，再加封沖素普應靜惠昭德真人。

何孟春曰：按僊傳又載蘇僊名林，字子立，周武王時人，家山東濮陽曲水。葛洪仙傳載蘇林曾牧牛，亦有按者便縣市鮓及郡城來鶴事。所稱牧牛取鮓及化鶴事，委曲皆無殊。然山東郡邑古今無地名便縣者，豈非即吾郴真人而椎川傳之訛邪。其傳中語不似三代間文字，又三代人皆手飲，不應有匕箸，然則蘇公爲郴人不疑。

郴漢蘇仙傳

搜神記又載遼東有丁令威者。宋載遼東華表柱有鶴飛集，少年射之，鶴言曰：有鳥有鳥丁令威，去家千年今始歸，城郭如故人民非，何不學仙塚纍纍。大意與蘇雀相類。又瑞昌圖經有蘇僊山，以蘇躭飛昇于此因名。然統志載在吾郡，彼亦當出訛傳。今便縣仙母山下有潛家源，意即潛母所居，真人降誕當此地。仙母未嘗適人，何以又有居郴之事。牛脾山郴城由也，距潛源八十里，而舊志云真人生置之屋後，茲猶弗過。志固云蘇僊郴人也，豈漢時潛源在郴境內，抑後有譌傳乎。或又傳潛始許聘郴人，求行而

失亡。遂歸執喪禮，事其姑以孝聞人見體詩今記。此一節記者稱舊志云。今考舊志實無之。若果然，則今郴城東宅當是許聘其夫之宅，而居郴之事。星後之說無疑矣。桂陽縣獨秀峯舊志載漢蘇耽隱此，不知其爲僊後，或未飛昇之前，何年隱于此也。噫！龍知龍，僊知僊，蘇僊天人也。古聖賢有不父而生者，而塵外事按塵世也。儒爲世，釋爲[illegible]，道爲塵。惟與爲類者能識之，故予爲補傳，而特此以爲世人告云。

仙桃銘

郴漢蘇仙傳

太玄之種，至孝之精，毓茲仙石，惠我世人。圓形類果，靈竅含仁，清煩愈痛，益氣寧神。信受捧服，允可長生。

靈源聖景正一蘇峯出世於白鹿洞天煉丹於馬嶺福地九仙之首二佛之先駕鶴白日飛昇跨鹿碧雲端內空垂玉手半現金容叩之即靈禱之即應漢孝感得道蘇仙冲素普應靜惠昭德真君普濟弘化天尊

凡遇有疾，先捧水一碗，默念語銘，次將桃磨水服之，即効。

成僊山景蹟
羅仙橋
武昌山
山在州五里
武昌驛
驂鸞岩
成仙覌
今廢
丁字街
成仙圖
卷一
六
成僊

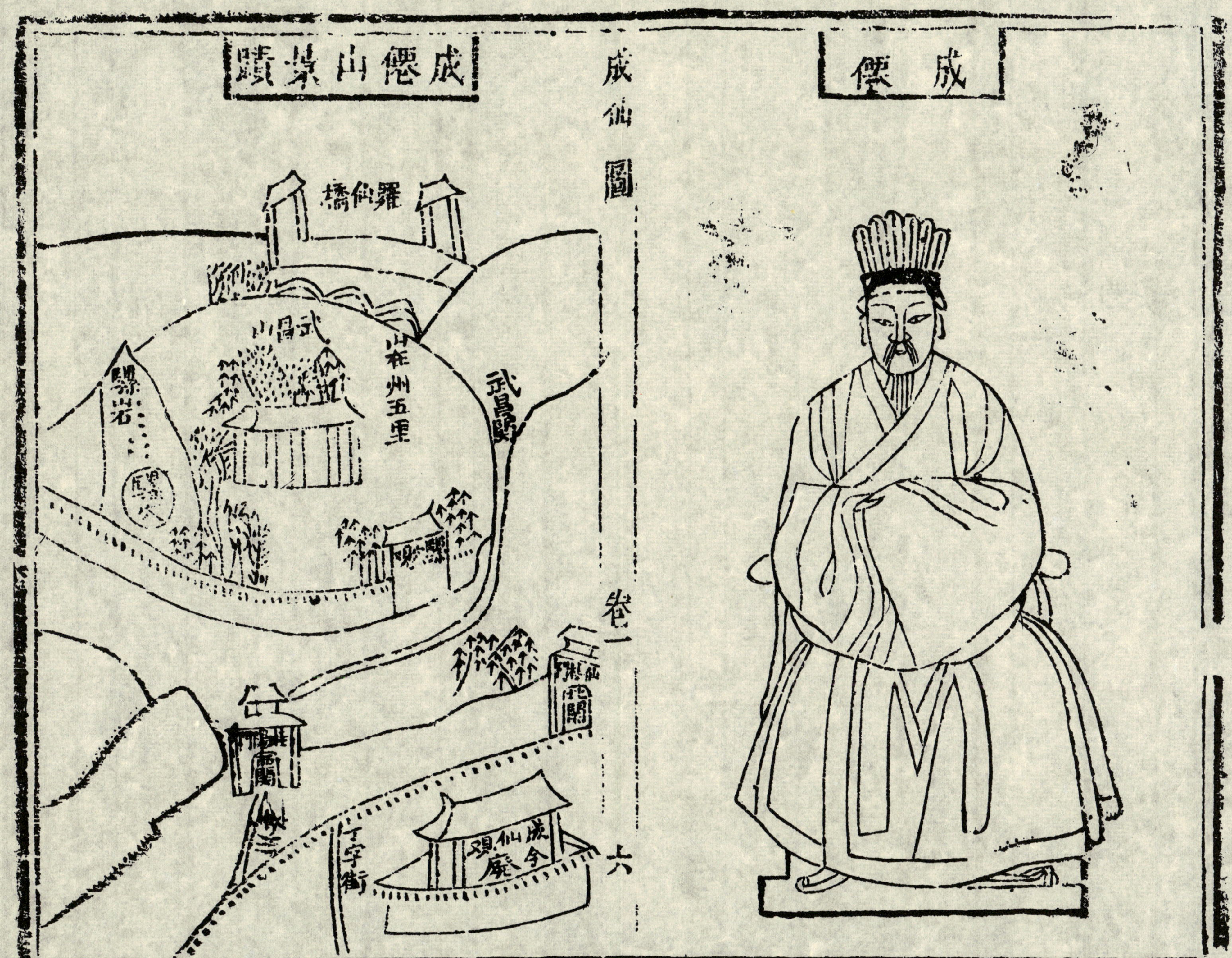

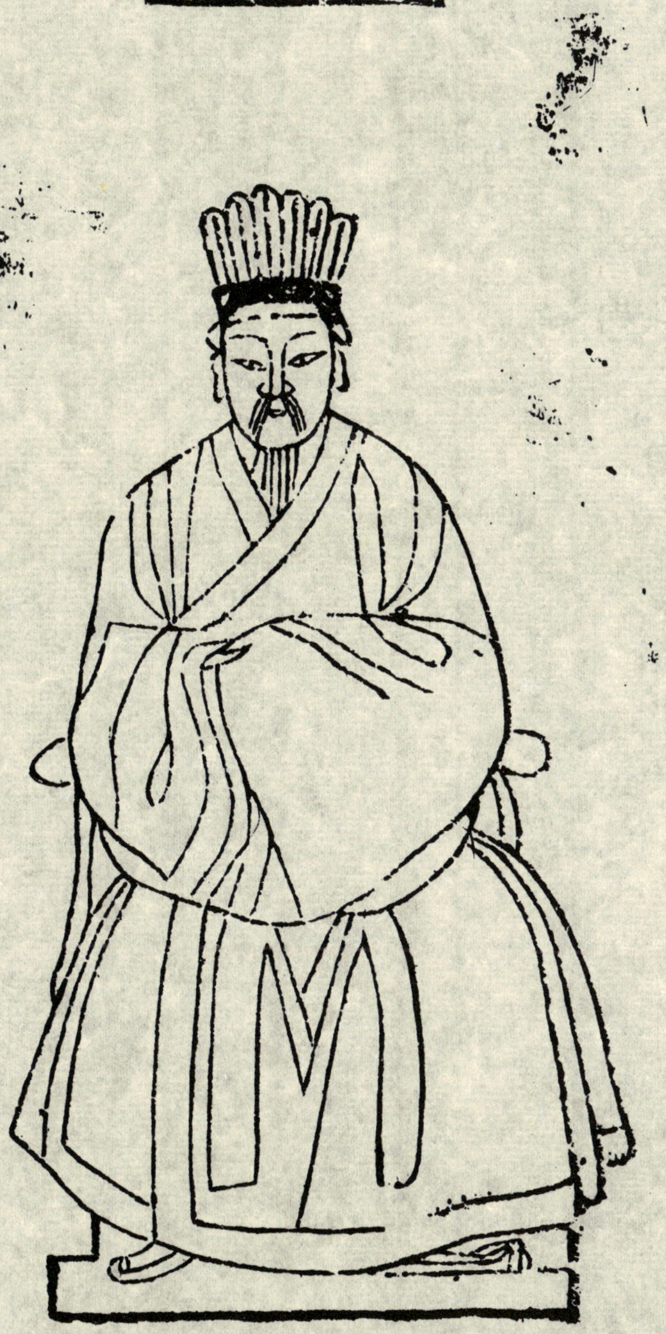

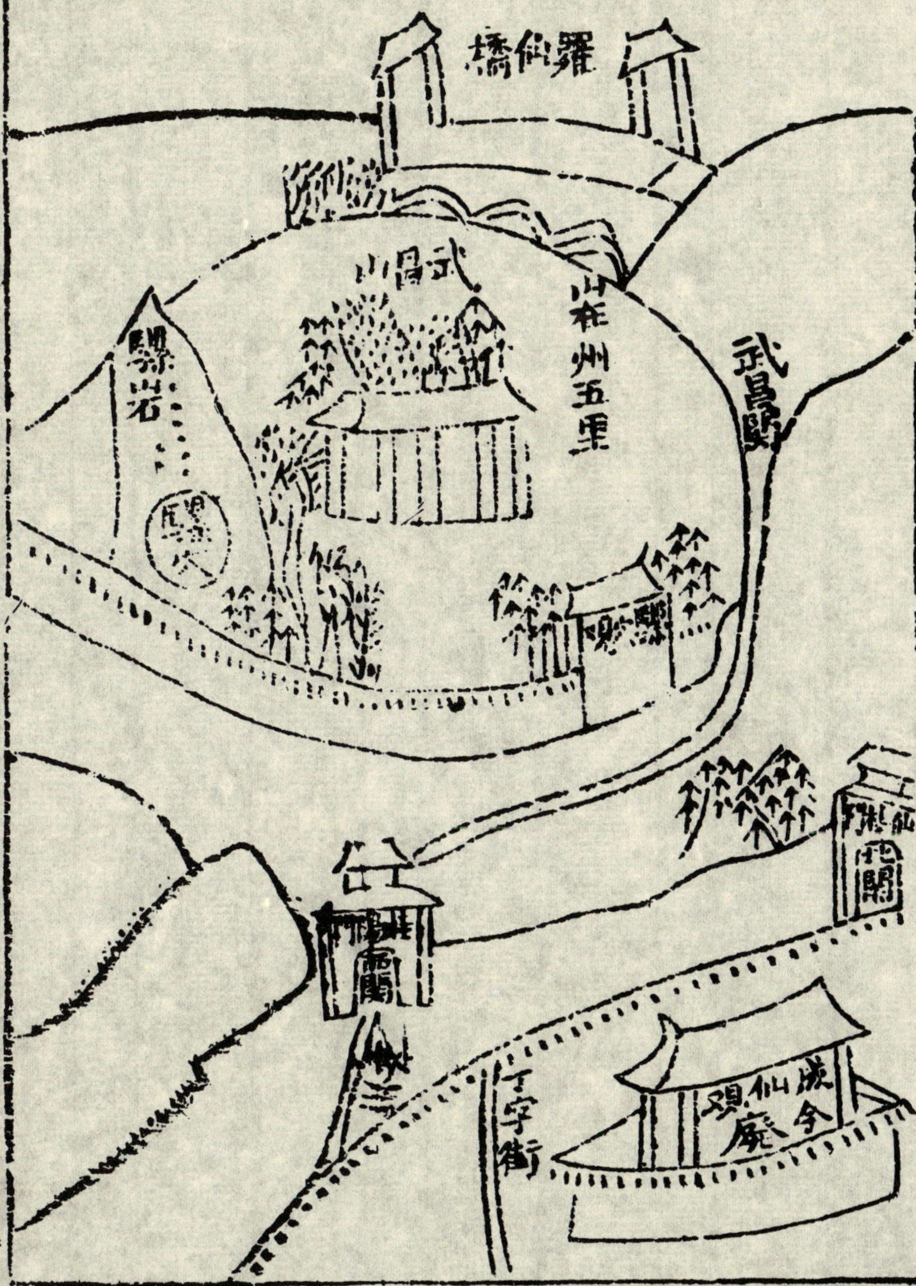

郴陽僊傳

漢成僊傳

漢成武丁。桂陽郡臨武縣北鄉人也（漢爲桂陽郡臨武屬焉。今隸衡州府。）生靈帝時。少不學問。有顏性。身長七尺。姿表出人。年十三。爲縣小吏。踈節大度。不類世情。人多謂之癡。後縣長遣至郡公幹。郡守識其奇偉。非常人也。留之。因署爲文學主簿。求經旬郎以閣直上。使委任。時郡守方嚴刑。武丁愍之。竊謂其行杖

者曰。人同皮肉。何苦如此。曰。官力束溼。不如此安所自免。武丁遂令杖者以機繫雞豚之血于杖頭。每行杖。官見血乃已。郡人多陰受其賜（俗傳丁爲隸用薄竹行杖。但太守嚴刑。無敢用薄竹者。且爲隸與郡志不合。）後武丁被使至京。過長沙郡。値夜不及投郵舍。宿於林樹下。聞樹上人語云。明日往長沙施藥。翹首視之。則二鶴也。心甚異之（按蘇耽得道。群雀集庭。其聲音皆人又按徐佐卿化鶴。乃知鶴亦仙。仙亦鶴也。云言）曙。武丁起往候于市門。果見二叟攜白笠相隨而行。武丁踵之。老人問故。武丁曰。知君不長生之術

特來侍從爾老人相顧而咲乃出玉函素書以貳
丁姓名貯之曰君固當爲地僊按傳記羽化者爲天仙尸解者爲地仙也因各與之藥一丸武丁拜受老人遂與約後會
且耳語曰君勿漏也分袂而去武丁即餌一丸及
還家明敏倍常萬物畢照雖獸聲鳥鳴悉能解之
嘗與衆人雜坐忽聞羣雀啁啾起謂諸人曰君知
夫羣雀乎市東車翻覆米事見桂陽先賢畫贊皆謂吾郡無車疑當時亦用之益相呼往食之衆人相顧咸以爲誑及遣視之
信然衆問不驚異問其故則曰我自知之事見續志及

郴洪咸仙傳　卷一　八

先賢讚文按楊宣守河西有羣雀鳴樹上因謂人曰前有粟車覆羣雀相呼而食尔行數里果見之
又太守因元日醼羣官使行酒忽含酒西噀一作以酒叺廒
守有恚色武丁徐進曰適見臨武失火故假酒
噀救爾太守大笑未二日縣令張濟上書稱元日
民間火時天方明晴忽東北有雲翳日頃之雨大
至爾霈而火滅救火者皆醺然作酒氣適驗爲僊
術也事見桂陽列仙傳太守因爲丁就州西立宅居二年
以老人之期至遂謝歸宅後餌前藥一粒詔其弟
曰七月七日織女渡河吾當被召上爲從事被召後上

帝召也。按一統志。王玄可得道。忽玉帝遣羽衣迎之。又李長吉善屬文。忽一使持書至曰。上帝成白玉樓。召君爲記。弟曰。織女何事渡河。曰郎嫁牽牛事爾言

訖而卒。武丁被召事。見齊諧志。太守自殯之

瘞數日後按統志。成仙瘞于武昌闕其友人從臨武來。于武昌

閣上。見僊君乘騾。正西而去武昌闕在州西五里。一名白虎關。闕有穴

有燈。仙君乘騾從穴出登燈。燈上遺有騾跡。友人問何之。曰暫到迷溪

郎友。又屬云。我行時倣傚。有舊鳥一隻。在雞栖上

栖時也。雞栖郎栖也。大斂一握。在戶側。爲令家人取之。友人

至其家。聞號呺聲。且驚且告。家人曰。斂與鳥俱入

郴湊成仙傳

棺矣。于其處索之。果然。啓棺視之。但有一舄一竹

杖而已。按仙傳。張昭成卒既瘞。有鶴穿墓而出。啓視其棺。惟有冠履爾。又萬振卒。啓視棺中

一被一劍而已。衆共異之。以白太守。守曰。其尸解乎。後至

康慶歷中。有處士遊東嶽。謁主簿郭及甫。既坐。處

其刺。乃羅道成。詢其鄉里。曰郴州人也。及甫留飲

處士借紙筆。書詩一絶。曰。因思靈秀偶來遊。碧玉

寒堆萬疊秋。直上泰山高處望。根盤連接十餘州。

復白和曰。水雲蹤跡日閒遊。更谷險寒冷勝秋。澄

爲性情猶戀舊。凝身都過海邊州。處士辭。及甫遣

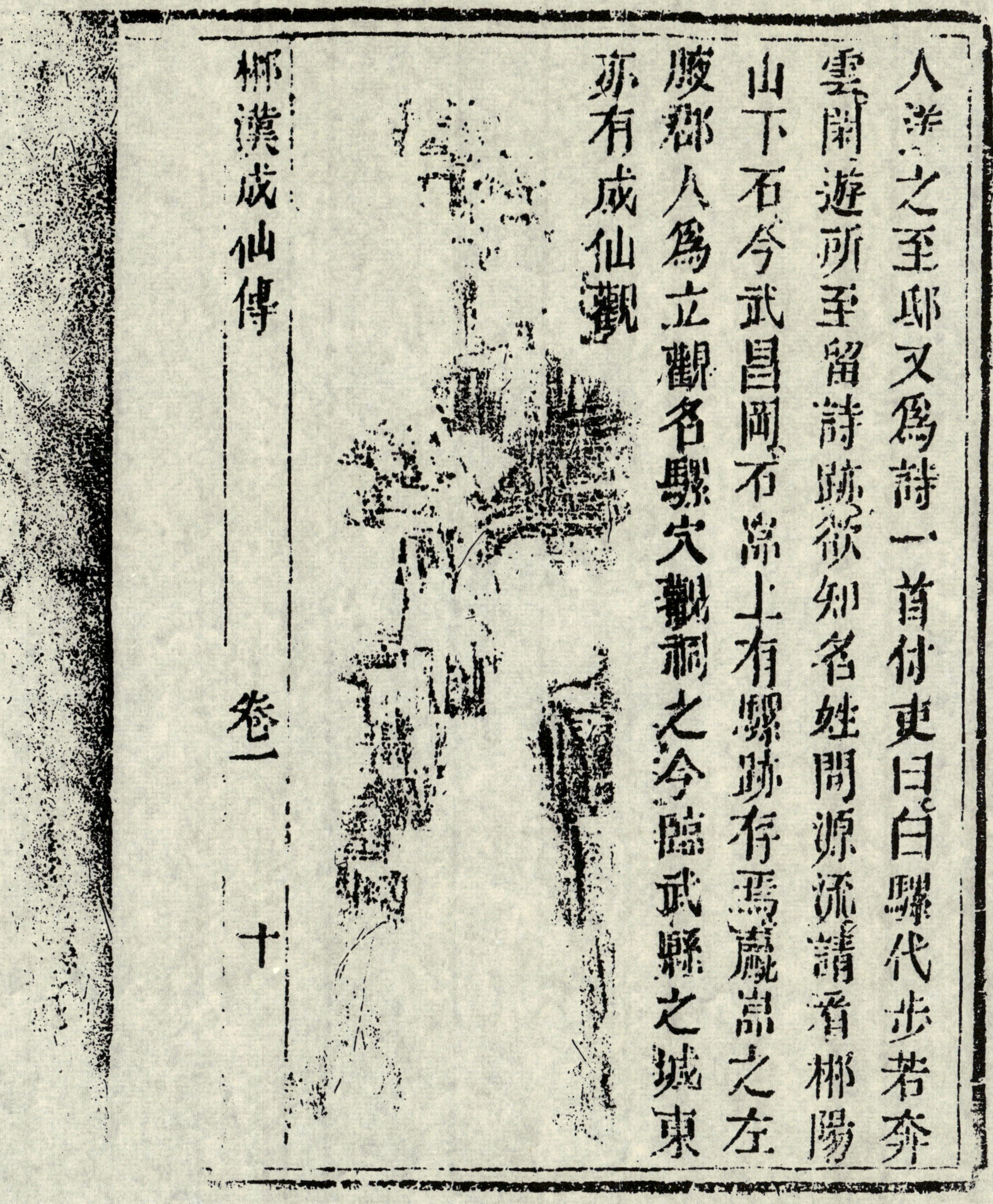

人羨之至邸又爲詩一首付吏曰白驛代步若奔雲閑遊所至留詩跡欲知名姓問源流請看郴陽山下石今武昌岡石崖上有螺跡存焉巖崖之左陵郡人爲立觀名驛穴觀祠之今臨武縣之城東亦有成仙觀

范僊山景蹟
范仙圖
卷一
十一
范僊
仙亭
石岡山
鳳梧山
在邵東與寧程山水之間
范仙庵
范仙庵
鳳梧山
在邵北三十里西南
鳳梧寺
州治東

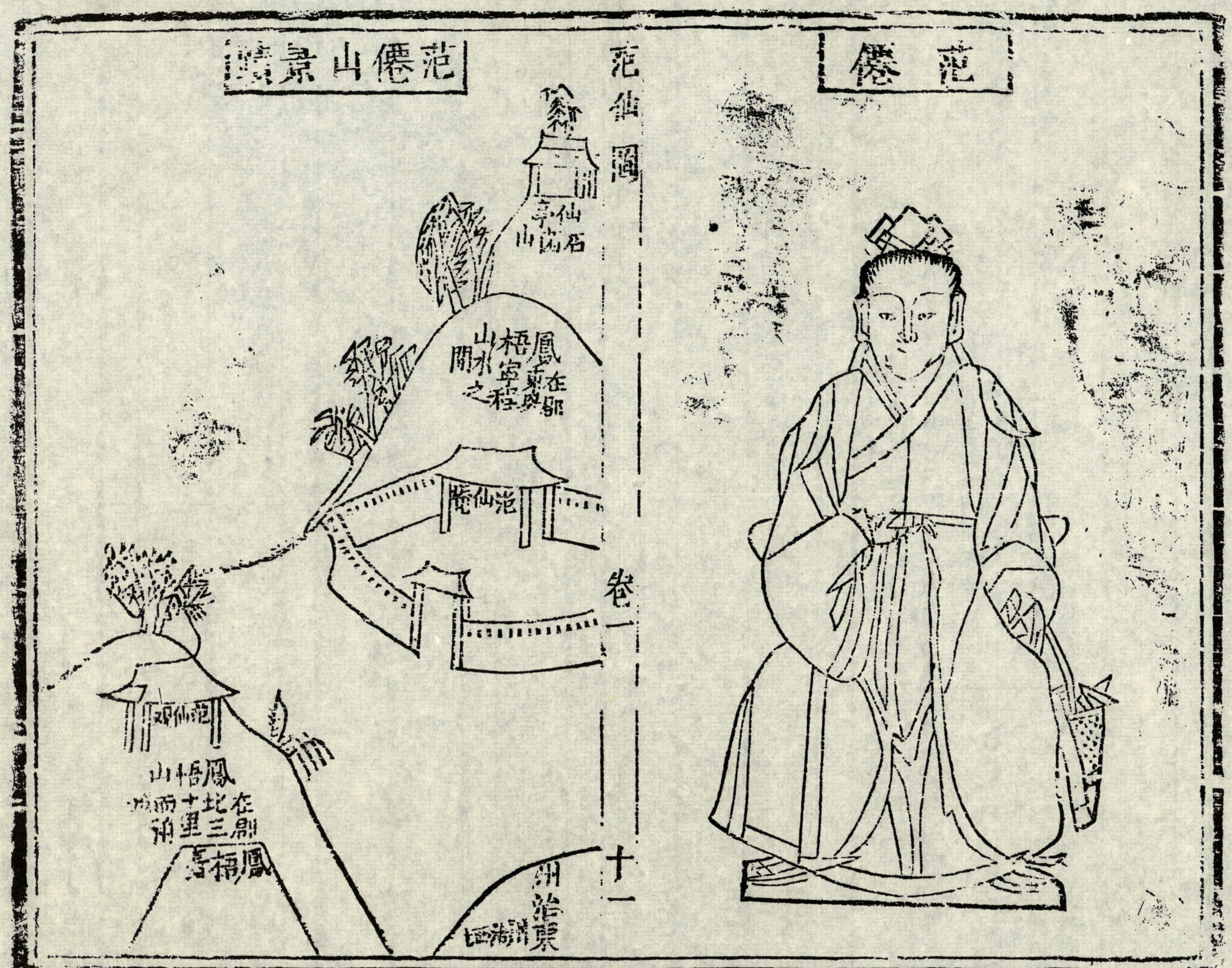

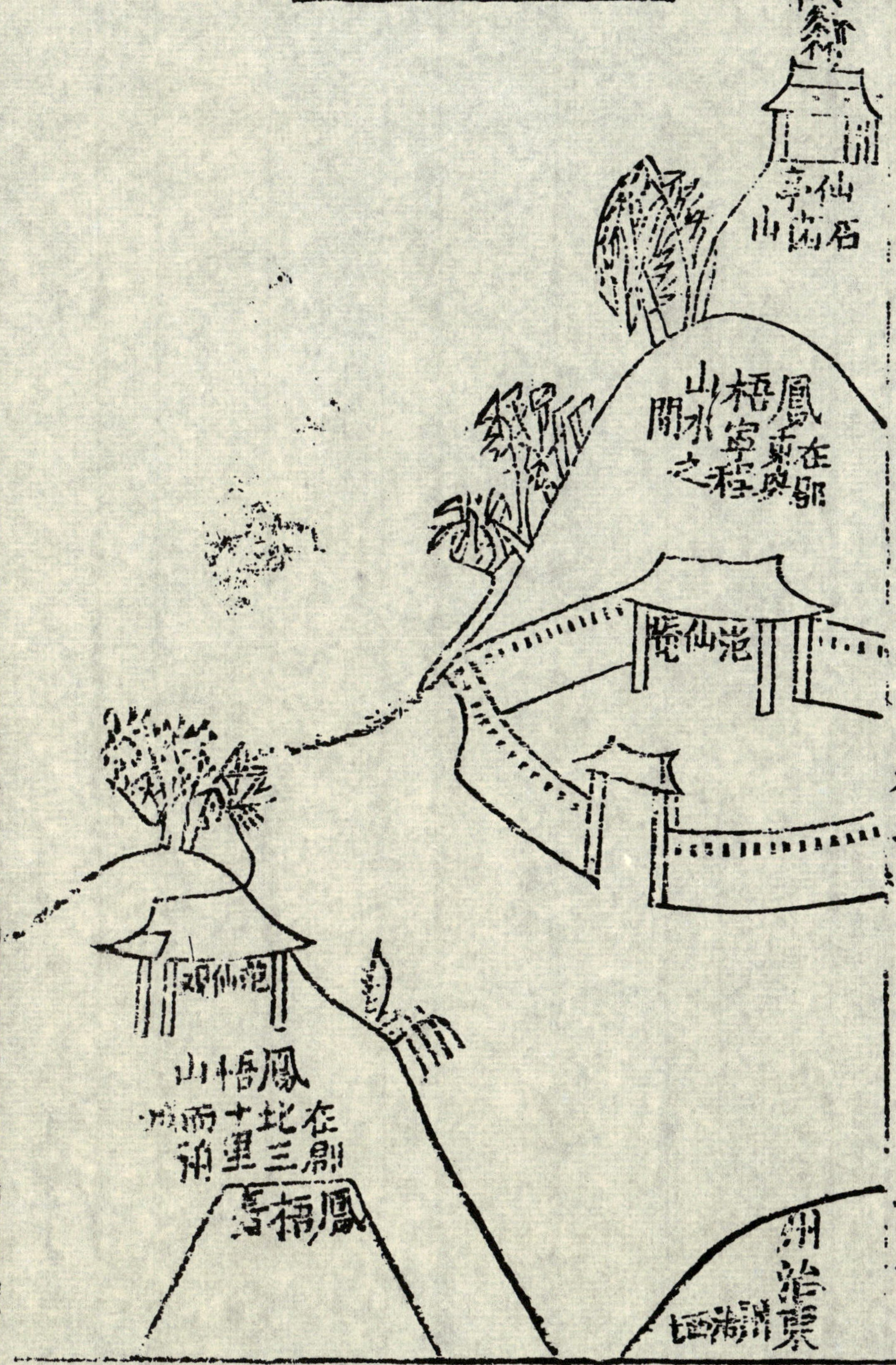

唐范僊傳

唐范僊伯慈郴郡人也少而持素。嘗翩然有奮遺離塵之想。獄以有父母在焉。慈事親甚孝。雖跬步不離左右。父母亦愛之不能離也。忽一歲染沉痾。延醫調攝屢歲不痊。父母色憂慈亦自號咷焉偶有道士沈敬直造范廬。坐道姓名。因自述醫術所治亡不應手瘳者。范父出慈與之觀且丐之治。沈訝歎曰是非世所謂殤殀也。字之于家。必無瘥日。如欲瘥。其從吾節鳥乎。節。杖。鳥。屢也。三稔而子愈矣父

母大說。郎令拜沈爲師。移日趣行。慈別父曰。吾師非凡人兒苟有得。必當歸報父。父曰兒豈意望如于吉事哉。去恙而足矣。按統志于吉得疾。過仙人授九藥曰服此可愈疾且可長生。吉果仙去後顧子此行非儂得已汝毋誘循他鄉也。行一日。敬爲慈患處。手揩擦之。尋餌之丹一粒慈隱受服之。視其痾皆不見。鄉人有道逢之者見其神采僊僊。非復枯羸態矣。歸告其父。衎然大喜。慈隨敬入天目山。山在湖州安吉縣居一處。不五旬。蔬楚悉除。慈亦自知其將有得也。徜徉名藪之間或棲

形山中。或對弈石上。或采藥雲間。凡服胡麻者十七年（胡麻。仙飯也。按劉阮采藥天台。路迷。見一溪流出。中有胡麻飯。因取共食之。又按拾遺。仙人。賜魏王子騫等十二人胡麻飯。）眞人每出廬。必南向望曰。洞庭衡岳。萬里遙遙。白雲之下。其吾親舍耶。每侍師論道。語畢。必詢吾親安否。師曰。汝父母固無恙。但道成乃可歸爾。天寶十四年。師謂眞人曰。子可歸省矣。眞人辭師。師與之一杖。一日而至其家。其父母尙矍鑠自若。執人子禮。有加于初。所奉父母。皆非時所生。非地所産。問所從至。則曰。未易言也。有所

往。則騎杖去。一日千里。忽于楚山中見地下光發窰。曰。吾可僊矣。掘之。得石函書一册。因知辟穀之法。遂不復粒食。數年。父母相繼捐世。慈守喪禮。建室惟謹。廬墓者三年。後入鳳梧山岩中。採藥修煉。（鳳梧山在郡西北三十里）吸風露。食松栢。飄然自適。遂所居爲鳳梧臺。後即于此臺白日羽化登僊。時郡人有經天目山遊者。遇二道人採藥。一道人曰。汝郴人。可識范伯慈眞人否。曰。知之。曰。汝可令郡來。僊期在某日。勿再徘徊故土爲也。其人領諾。往訟重爾而

返及抵家已不及期方釋屬爲鄉人述之則聞范已嘗期登僊矣詰封玄一真人山中丹竈至今猶存

唐僊

唐僊山景蹟

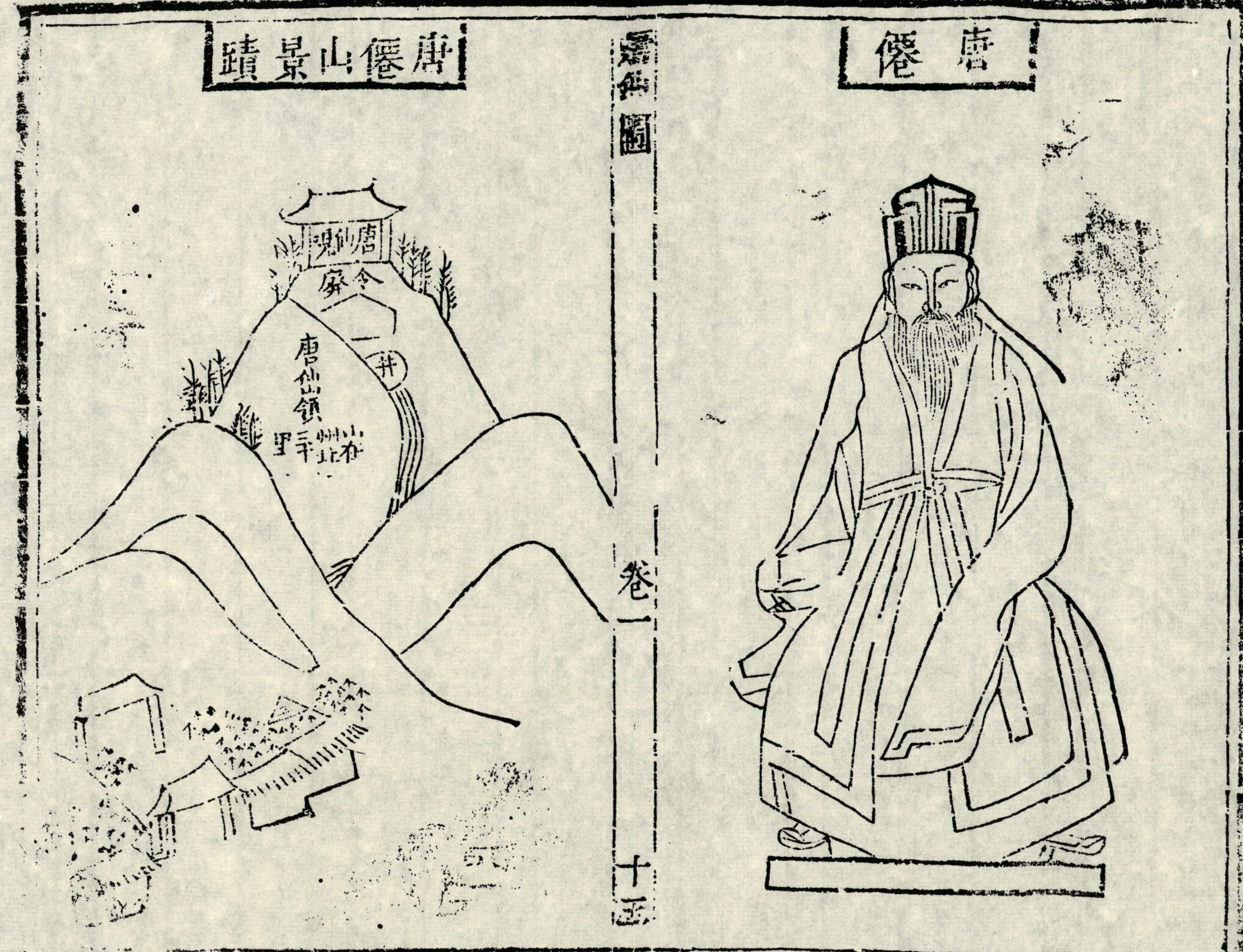

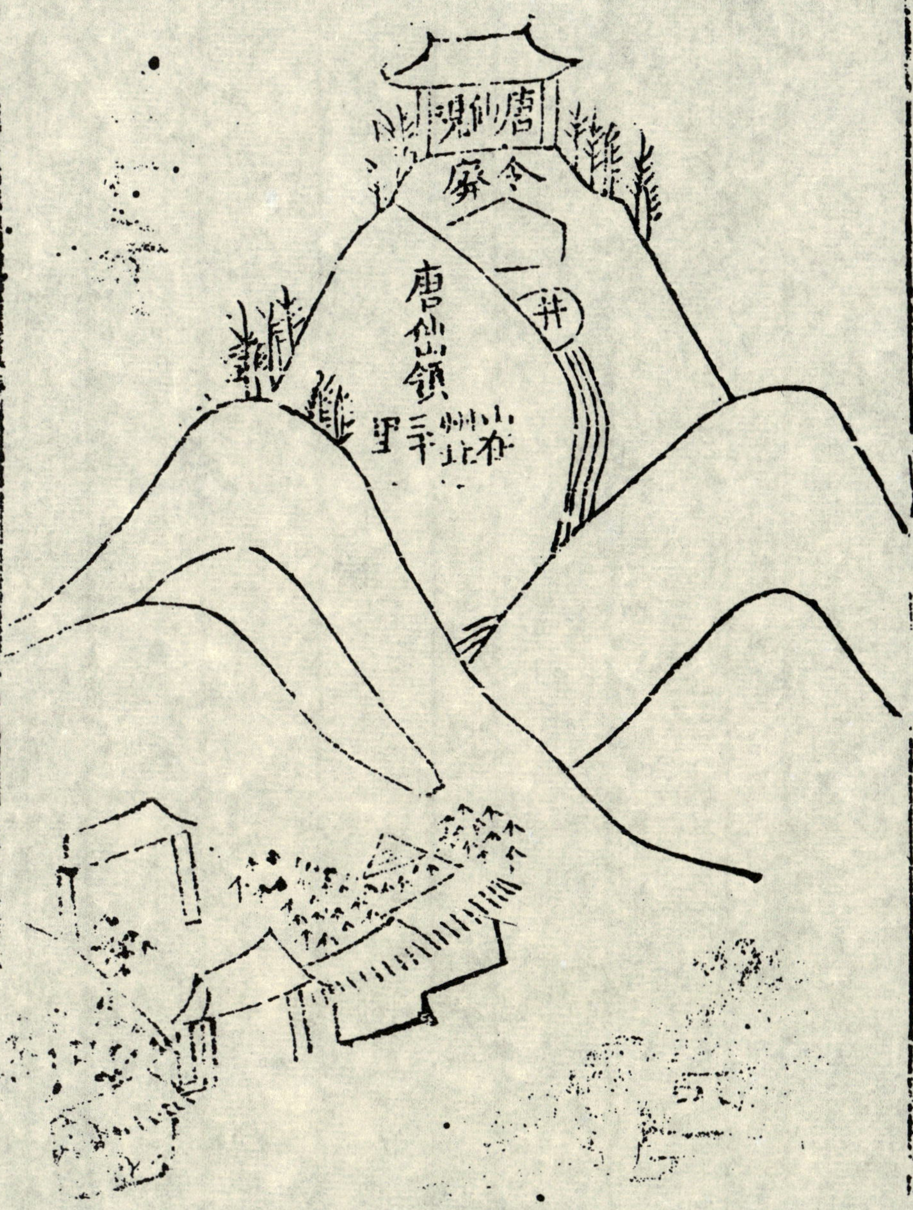

唐唐僊傳

唐道可。郴人。生唐天寳間。性極慧悫。閎博過人。然素薄金紫。不肯就舉子。業隱居陵谷。中山采芝茁水擷菰蕺。援琴嘯吹之餘。羽肩[illegible]蟾之下。常僻倪世人。以爲莫及也。後遇異人。授以僊術。非時難致之物。無不能致之。里中愚戇者。皆以爲媄蠱。嘗盛夏溽暑。謂鄉人曰。汝輩欲雨雪耶。衆曰安可得。可乃持麈尾。向上一揮。天風颼颼。四野雲生。有頃大雲瀌至。及三十里。按一統志。葛仙公玄每宴賓客。冬設生瓜。夏則致冰雪。又明崇儼入見唐高宗。四月進瓜。盛夏獻雪

年至五十。喪其偶。止生一女。及笄。未適人。然亦撫之若子。凡有所徃。則女爲僮隨之。一日謂鄉人曰。明日有虦虎至。當各閉戶避之。衆尚未信。已而果然。可出譬虎。虎見可而伏。囁嚅噴命之去。虎咆哮而去。衆始神而慙之。按仙傳李長者道逢一虎。虎馴伏。吮之起。虎乃敢起而去及年逾百歲。色若孺子。長慶初。山人楊隱之至郴。聞郴多孕仙。思得旦暮遇之。詢及土人。則曰。吾鄉有百歲人唐君士者。神幻叵測。其殆仙乎。楊趨詣其家。可與之促膝論道。竟

氣若舊相知。抵暮言未竟。因留止宿。家貧無油。呼其女曰。客座無光。可將一下弦月子來。其女出片紙封一琴弦貼壁上可起視曰今夕有客。大賜光明。言訖。一室朗如張燭。楊心奇之據仙鑑。景之常得道。或祈寒浴溪。或大暑暴日。所居夜神光滿室。又據一統志。孫傳得道出入石間如有穴中出草木皆爲行者光照耀可數十里鄰有翁子。方夔夔起見其光非燭過視驚異。居士嘆曰不可對人言也。楊遂與談內道蔡盡覼縷直至夜分。罄洩秘旨遺唐丹一丸。楊忽不見後至郡北三十里一峻山中修煉唐乾符二年九月九日。在山羽化成仙。唐仙女郡志小傳。俱不載其所終想當亦從公仙去

郴唐唐仙傳

在世春秋凡百有四十歲唐居士小傳載仙曰五十歲茇居士生于天宝夜于乾符。天宝元年至乾符二年當百四十歲。若作百五十則生當在開元中矣。今山中近泉處有丹竈遺蹤。勢亦頗巉嶪今人謂之唐仙山。山在郡北路大溪舖之北。一里而稍近

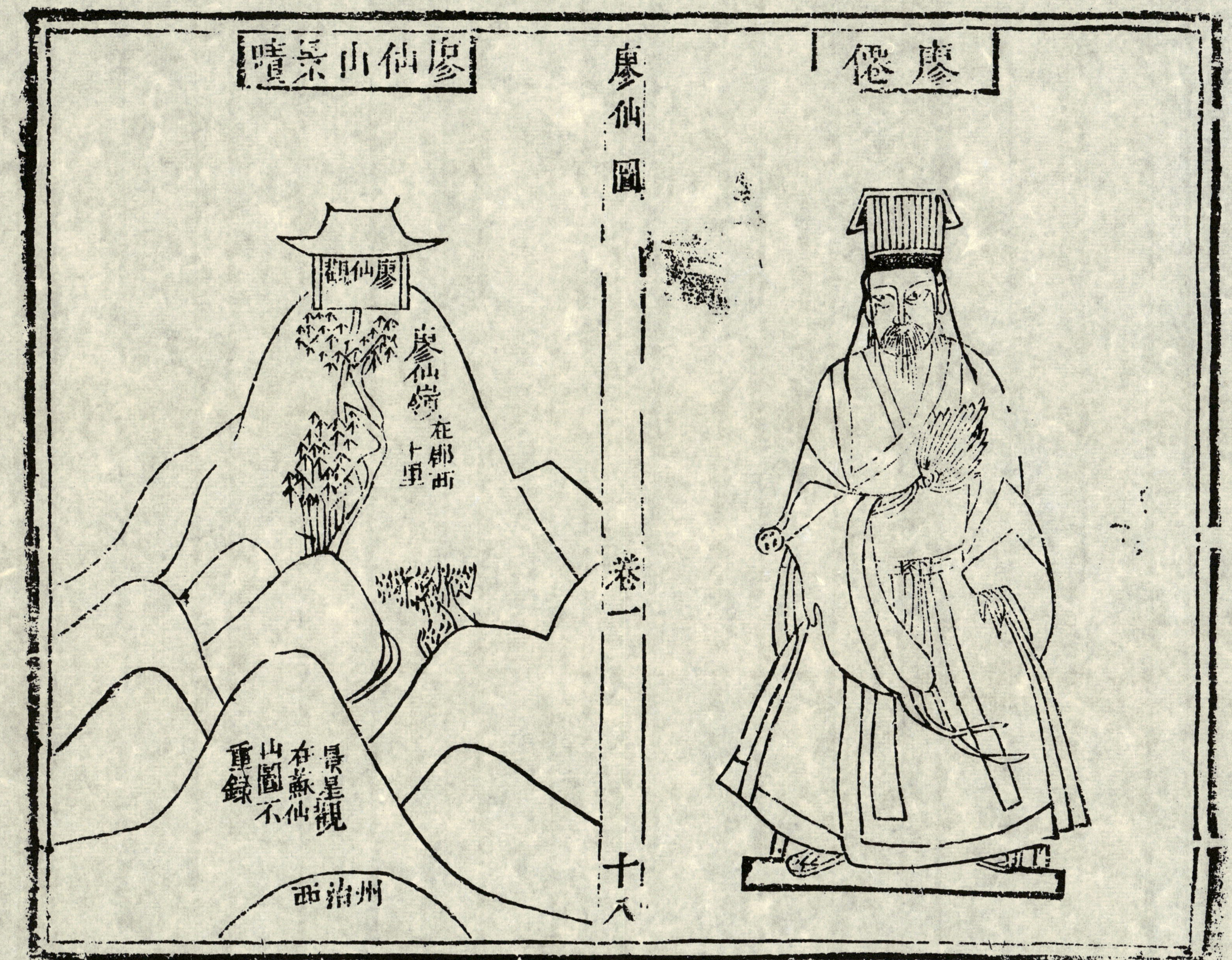

廖僊

廖仙山景蹟
廖仙觀
廖仙嶺在郡西十里
景星觀在蘇仙山圖不重錄
州治西

唐廖僊傳

唐廖僊。名法正。郴人也。爲景星觀道士。一曰名逞玄景星觀夲今蘇仙山脊俗謂之中觀幼從方外得費房劉根之術。按仙傳費長房得異人術能符驅百鬼又刻根有召鬼之法太守史祈驗之果然敬服之談經演法。鬼讋神降。然性躭遊訪。行亦見重于人。當時賢士大夫。無不得接逢掖之儒。亦爭知其名。時有人爲邪祟所侵者。覓符咒治之。皆不能痊。且愈以狂瘚。已而倩廖師。師至。一見而懸恧以醒。即得如初。厥神如此。自是聲名益重。咸通六年。懿宗皇帝召宣

入朝。行道術。有驗。上重。而留之。欲拜之官。廖師辭不受。因力求歸。乃重餽遣還。師又辭不受。賜號玄妙眞人。歸過荊州公安野渡。渡有二娭爲人害。阱每興波覆人舟。二妖小傳及郡志皆作二聖。然聖無祟人之理。大約山妖魑魅。亦妖魍魎不出此作二妖爲是廖師渡。方日暮無人。舟中流。水波洶湃。師恚然奮袂。舉傘劈浪。浪爲之靜。遂棄舟。赤足踏蹴水面。御風而過。至今公安渡頼以安全舟子驚異。知師非世人也。遂追隨師。矢願爲僮僕。歸至觀。求傳道法。師語曰。汝自當持素。我于此中煉丹。丹成。吾

與汝分餌，亦汝慎護吾門也。師遂隱山，嵗不出。（後廖一師，仙舟人，爲本觀土神。）未幾，師出遊廣東連州靖福山，結一廬居焉。居連，師少與人事，室中亦無所有，惟置一塌、簡書數篇而已。後服水晶雲母，（雲母，仙家所服，古衡鄉何姑皆服之。）不復染世味。服二年，即于其地白日飛昇。今靖福山尚有廖僊羽化迹焉。說者謂師人品雖在佛老，（韓文：廖道士，溺于佛老。）實爲聖賢，非他吐納丹赤者流也。師嘗栖于衡山，韓昌黎遊衡之麓，與之接譚，深器重焉。別時爲序以送之。（韓文有送廖道士序。）稱郴居衡嶽

之南，當中州清淑之氣，蜿蟺扶輿，其水土之所生，名材不能獨當也。意必有忠信魁奇材德之民生於其間，而以廖師當之。又曰：廖師學于衡山，氣專而容寂，多藝而善遊。又曰：廖師善知人，其見重于賢士大夫如此。今郡西有廖仙嶺，爲師煉形之地，仙觀尚存焉。（廖仙嶺在郡西三十里，土人相傳謂師嘗遊屐屢于此，今併存之。）

刘大仙圖
卷一
二十一
刘大仙
刘大仙景蹟
刘仙觀
刘仙臺
東刘仙嶺
何公山
州治東
山在郡東
路十五里

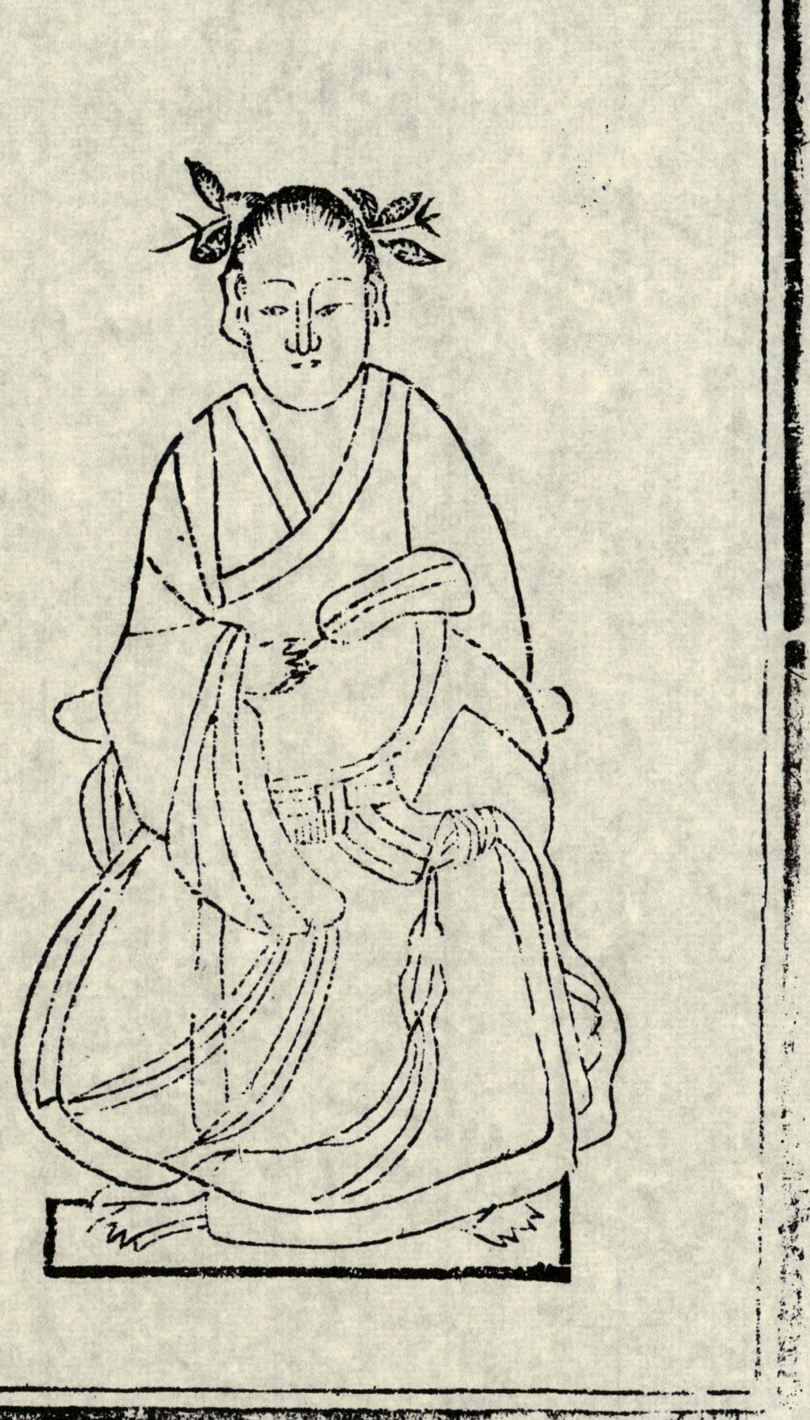

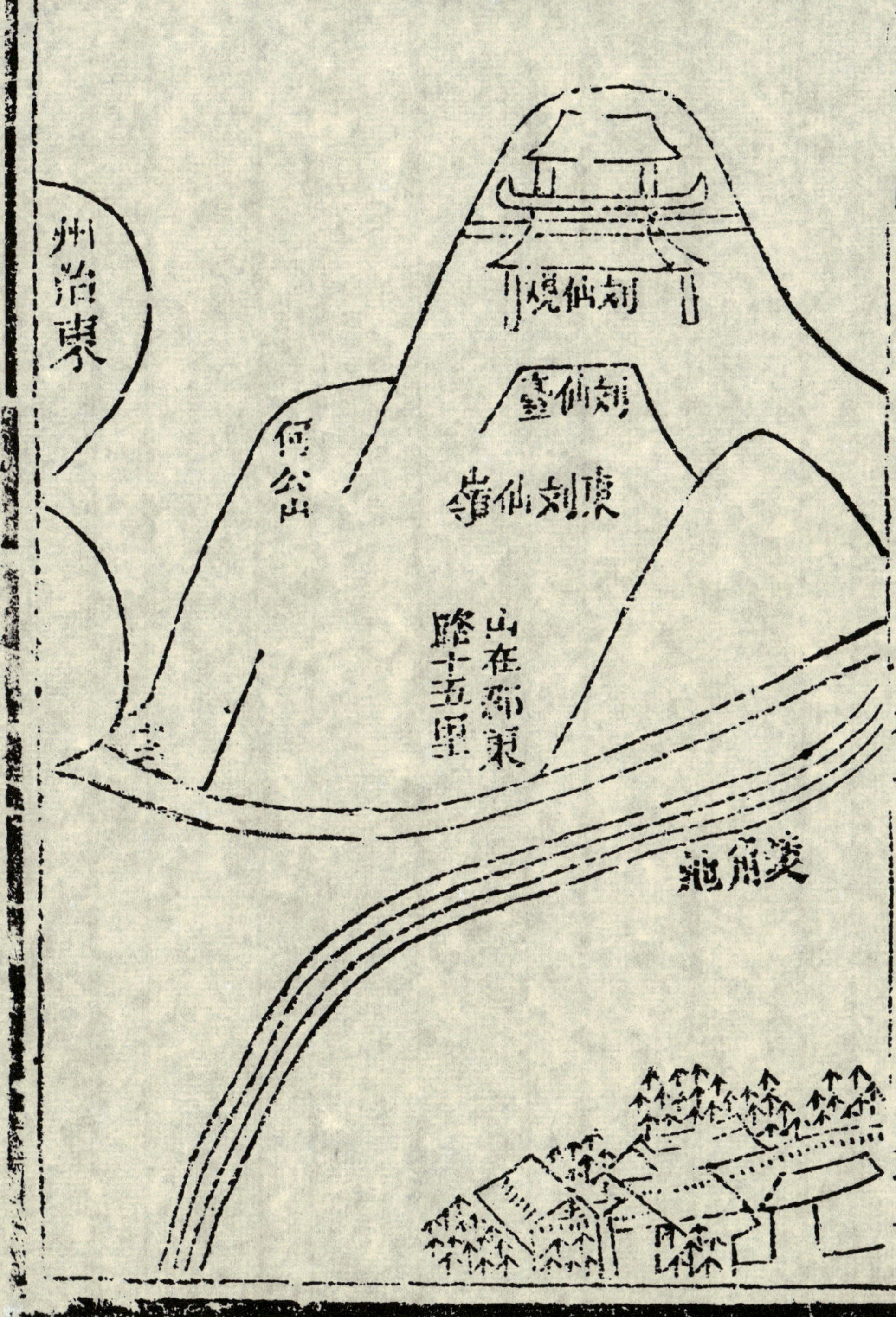

唐劉僊宜歌傳

劉贍小字宜哥唐平章瞻之兄安貧好道常總角不冠。其賦性僻靜。不喜與人事。頗別于瞻。適有道士經其家。問知道否。曰凡性餓俗業應未盡遷可強學耶。道士曰能相師乎。贍於是丫髻布衣隨入羅浮山。服神芝實。如梧桐子大。日一刀圭芝實仙藥按徐福傳。海中有神洲祖洲有不死之藥名養神芝。一株可活一人又按龍迷得神芝實日食一刀圭後二年仙去。師因授以去三尸之法按酉陽雜俎人有三尸上尸清姑中尸白姑。下尸血姑。又按蘇林遇涓于授以除去三尸之法。卒白日飛昇。又按沈文泰沈文淵亦以去三尸

郴唐刘伯仙傳　卷一　二十二

得道逾月而道成。初贍與瞻俱讀書爲學而贍性高侚。瞻慕宦達。瞻嘗謂贍曰。神僊遐遠難求廟廊只尺易致。不如求仕。贍不耐從。謂瞻曰。鄙將逸于山野。爾將勞于塵俗。爾殆劣于鄙乎。後四十年當驗矣。言訖拂褏而去。瞻笑而不答。自是贍入仙闕。瞻登仕路。兩不及贍。至咸通十一年九月。瞻以言得罪。罷相。出爲司戶。南行。次廣州韶臺。泊舟江濱。有少年丫頭布衣。衝雨而來。衣屨不濕。容貌可二十許。近視之。迺贍也。瞻已皤然衰朽。時又方爲逐臣

悲喜不自勝。逕贈謂曰。兄何童顏至此哉。弟衰暮之年。與時衲鑿。僅得脫。江魚腹中。以弟視兄非翩翩然仙耶。贈執瞻手笑曰。弟惟不用吾言以至于斯也。曩之言驗矣。瞻益羨美。欷歔者久之。因謂贈曰。弟可復學否。贈曰。弟歷榮寵。職熒陰陽。用心動靜能無損乎仙凡。骨壞援無及矣。今來相訣。非來相救。按仙傳茅盈得道弟固方執金吾弟衷方爲太守皆棄官歸來見于盈盈曰晤何晚矣纔得真訣。何可成地仙耳。遂教之修煉。因各贈丹一丸。後皆仙遂同舟行話平生間闊。一夕忽去。不知所在。後有人于羅浮見之。今

郡東十五里有劉仙嶺。嶺上有臺號曰劉仙臺。爲宜哥飛昇處。今仙觀存焉

劉二仙景蹟
大鷲嶺
墓在州南三十里
東山
良田市
刘仲仙
刘二仙圖
卷一
二十四

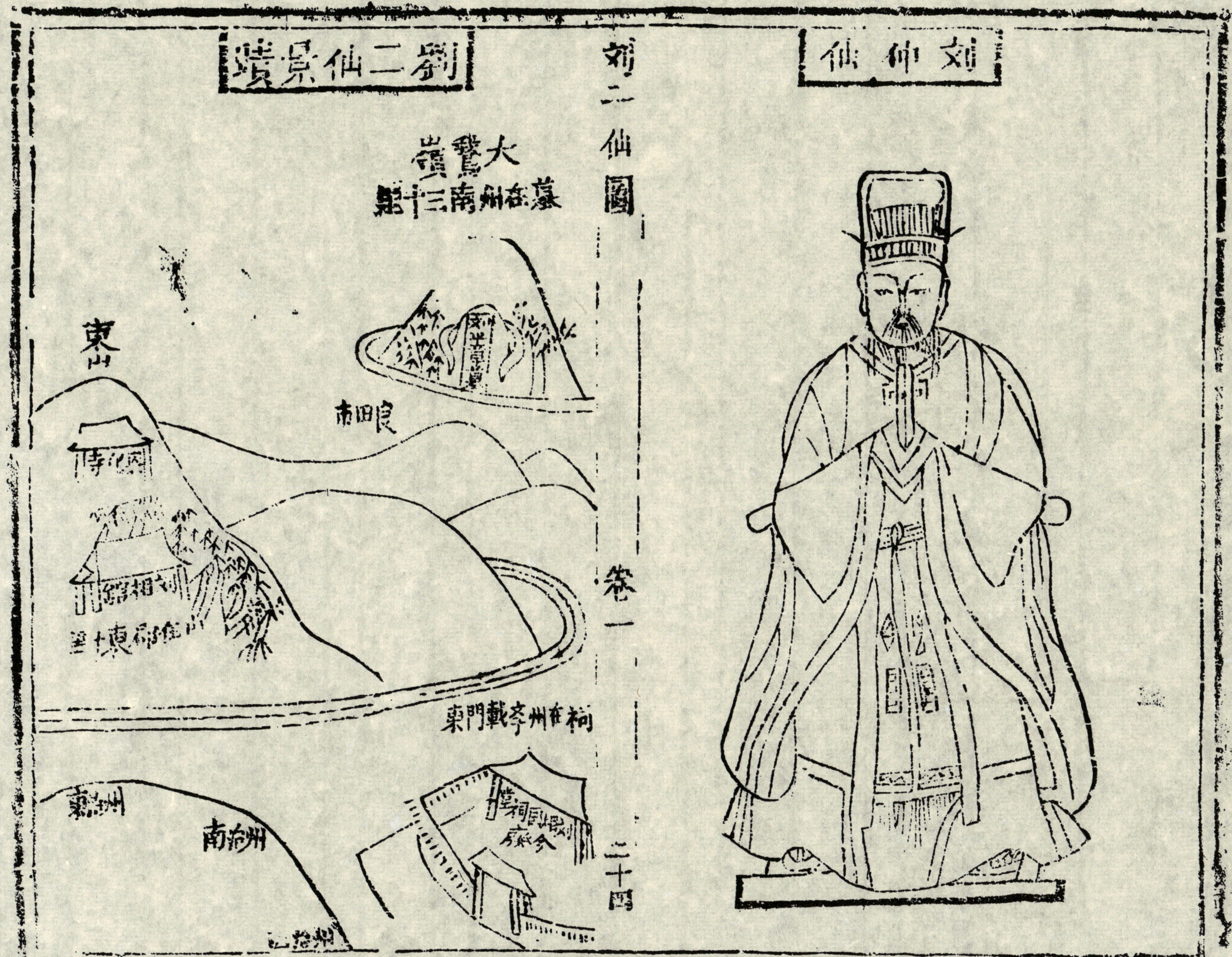

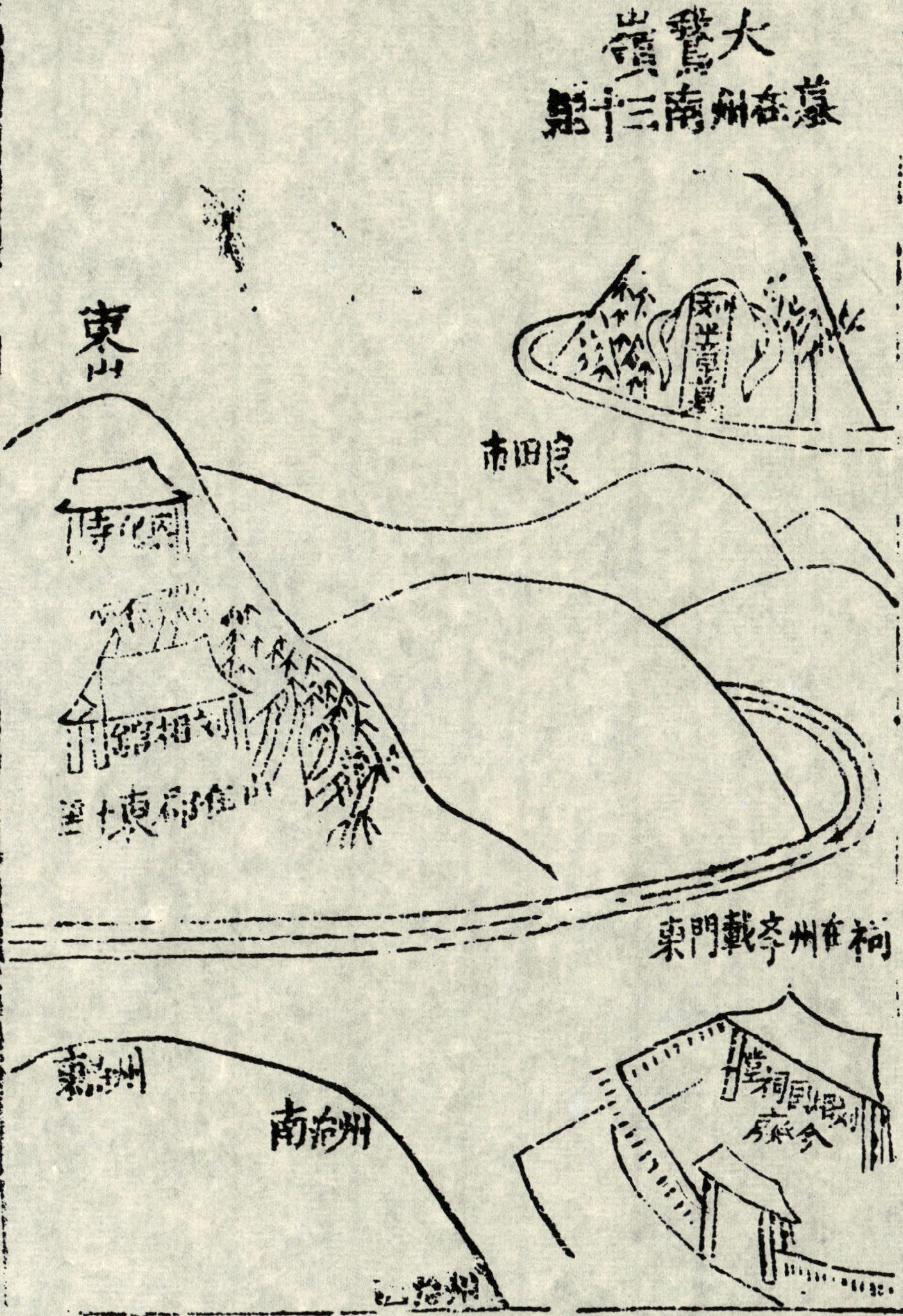

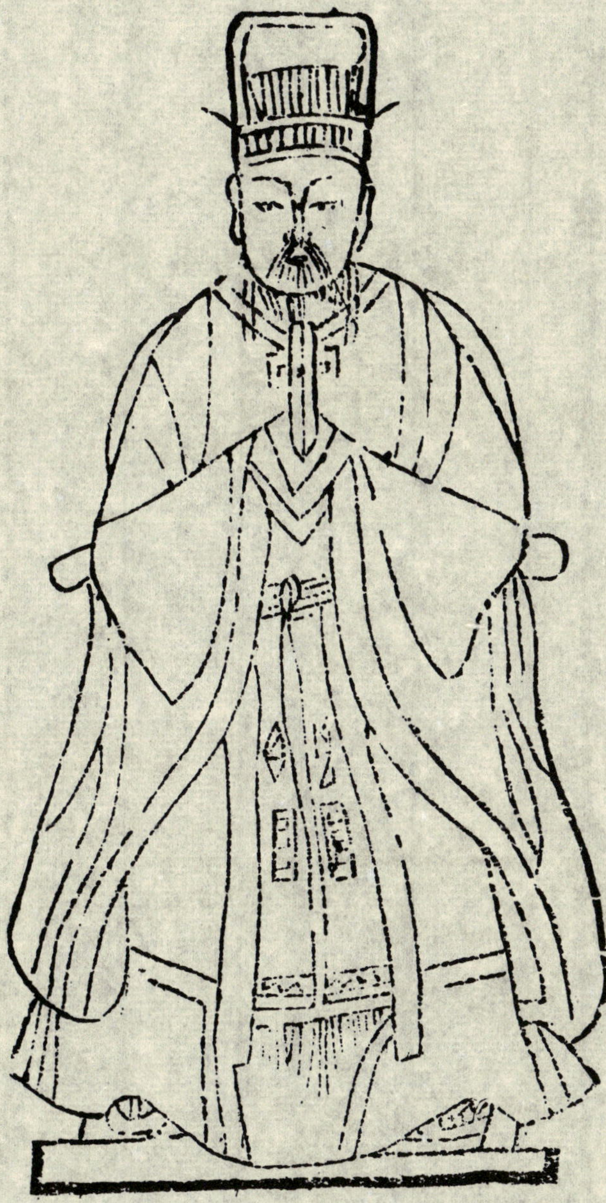

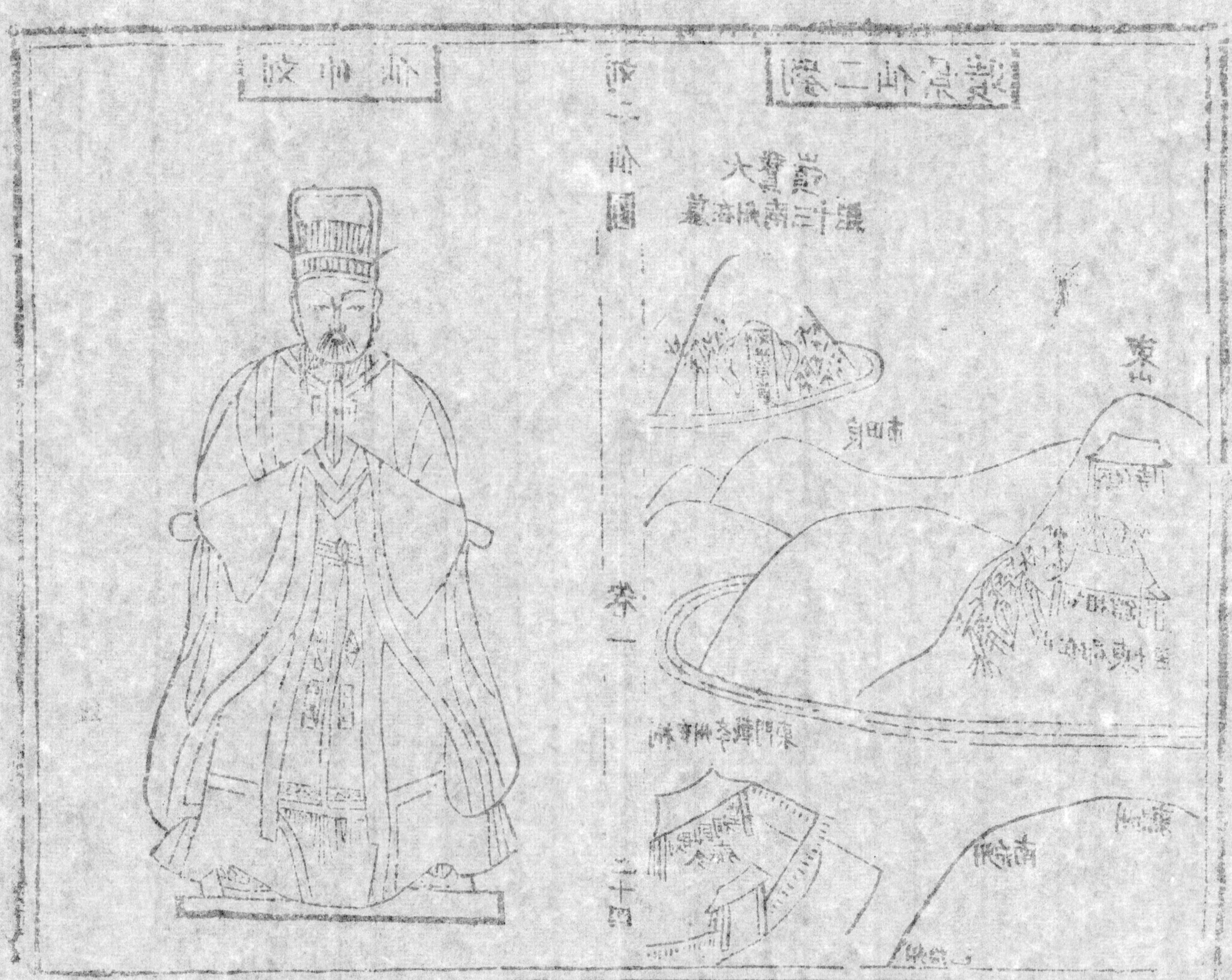

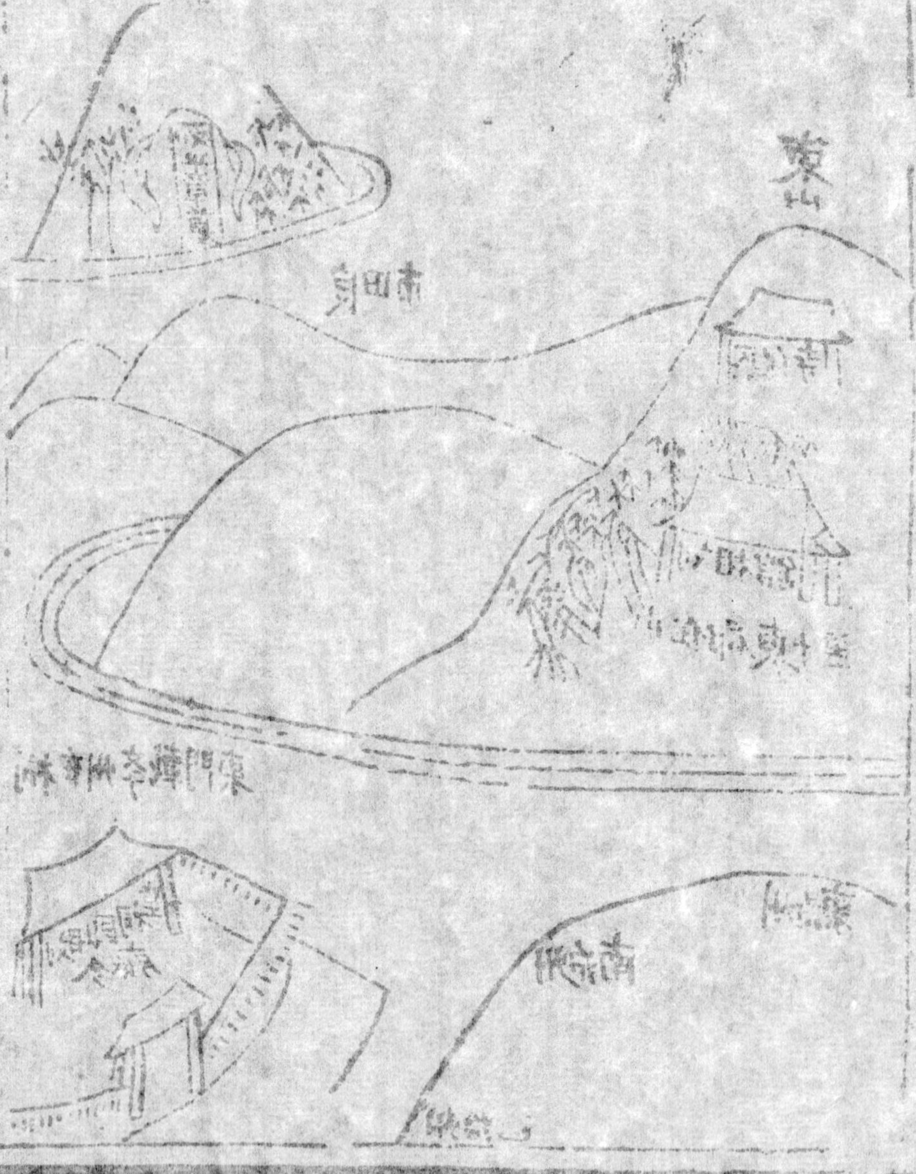

唐平章劉僊傳

唐劉瞻字幾之。郴人其先出彭城徙桂陽素慷慨負大志嘗從兄讀書東山偶微行逢一道士童顏鶴髮指兄弟而語曰。仙家之儁祿似不如汝昆季清姿丹表。非凡骨也。儻能相師。吾當成汝。瞻訢然從之瞻笑曰。大丈夫得君行道則不負所生豈可效喬松之輩王子喬從浮丘公遊後于緱山頭仙去。赤松子神農時雨師隨遊人間。漢張良嘗從之。熊經鳥伸。無益人世哉遂究心舉業覬仙小傳。尋舉進士博學宏辭皆居上選徐商辟署鹽

鐵府累遷至太常博士。道劉瑑執政。薦為翰林學士。拜中書舍人。尋進承旨出為河東節度使。轉中書侍郎。咸通十年。六月罷徐商相。以瞻同平章事見宋祁唐書劉瞻傳瞻立朝方正骨直極恥規利處人言笑不苟及登政府好持大體議論不避于羣小蔑有容時上極愛同昌公主公主郭淑妃女適拾遺韋保衡奩賜過制朝論頗不滿衡以此弄權而路巖與為黨時人多避之獨瞻為所憚十一年同昌公主卒上極痛悼殺醫官二十餘人逮繫親屬至三百口衆

皆傷蠧。瞻數召諫臣言之，無有應者，寢論而已。瞻遂自進曰：修短之期，人之定分。公主有疾，醫者豈不盡心，顧孽禍難移，竟成蹉跌。衆械老稚，物議沸騰，奈何以知命之君，而涉不明之謗。上不懌。瞻又與京兆尹溫璋力諫，上大怒，叱出之。九月，賜罷，以檢校刑部尚書同平章事為荊南節度使，貶璋為振州司馬。（璋出憤忿，貶以藥卒）韋路素與瞻枘鑿，至是又有公主之釁，故得蹈隙候間。瞻之貶，二人中之也。（觀史編）會及璋卒，衡計瞻不可獨留，語巖曰：劉相方繫時望，不滅必然，劉火如然，吾輩為煨燼矣。巖曰：不若以同謀傾之。于是譖瞻與醫官韓宗紹協謀投鴆，諱閟于帝。俄斥為康州刺史。命翰林學士鄭畋草制，畋署曰：安數畮之居，仍非已有；卻四方之賂，惟畏人知。巖譙畋曰：侍郎乃表薦劉相耶。畋遂以責詔不深，坐貶梧州刺史。（觀史編）御史中丞孫瑝、諫議大夫高湘德，坐與瞻善，並貶嶺南。瞻雖屢貶，巖等猶未慊，蓄猶懼其得生還也。乃閱十道圖，驩州去長安萬里，再貶瞻驩州司戶參軍事。特命李庾作詔

極詆將遂殺之天下謂瞻鯁正特爲讒擠衆以爲寃幽州節度使張公素上疏爲瞻申雪嚴等不敢害見瞻本傳懿宗崩朝論共欲復瞻僖宗即位首賜衡嚴等死徙瞻康虢二州刺史夏五月平章事裴坦卒瞻以刑部尙書召復以中書侍郎平章事瞻之貶也人無賢愚無不痛惜及召還平章長安兩市居民歌舞皆携錢雇百戲迎之瞻聞之改期取他道入及爲平章肅貴皆墳天下大悅居政府三月偶飲于劉鄴歸而卒初瞻南遷鄴附于韋路共相短之至是鄴大懼遂延瞻置酒瞻之死人謂鄴實鴆之故綱目書八月劉瞻暴卒訃下聞百姓如喪考妣悼傷之聲閭閻皆徹見朱子綱目解歸葬于郴南三十里艮田市傍塋南向坐大飛嶺左琉璃江今人呼爲公地者邱相國塋也塋之明年夏六月雷雨暴作鄉人見叢雲之中劉相乘而上天少霽往瞰之其墳已陷闃其中屍與棺俱靡惟一空塚而已見郡志乾符末司空鄭畋自梧州徙郴刺史見公尸解事嘗語人曰平章立朝氣節風采不愧權豪已超然有仙風

矣。尊爲公營其墓。公賦性清廉，自奉儉約。四方饋獻，不敢至其門，有懸魚留犢之風。累官至鼎鉉，家倚蕭零，無第宅，其所得常祿，及主上恩賚，悉以濟親舊之貧者，家無留貯。見統志 史稱大唐平章，行已始終全絜。公爲郡一 下見劉相國祠堂記 公之被貶南行也，繪三湘圖，示將老馬舉朝士夫，各爲詩以送之。今郴志。尚有郡士元。賜劉相題三湘圖詩 生子一，各贊爲梁崇政院學士。見統志。今郡東，東山興化寺。寺廢 今下有丞相館，郎平章讀書處。相館亦廢 今郡治後，亦有劉相讀書堂。宋大

觀中郡人于學前立祠祀之，曰劉相國祠堂。與三循祠並。今二祠俱廢 宋學士譚世勣爲之記，具載在郡文志中

刘三仙景蹟
劉季仙
刘三仙圖
刘仙殿
北刘仙嶺
桂門嶺
桂門關
鹧鸪坪
北治州
二十九

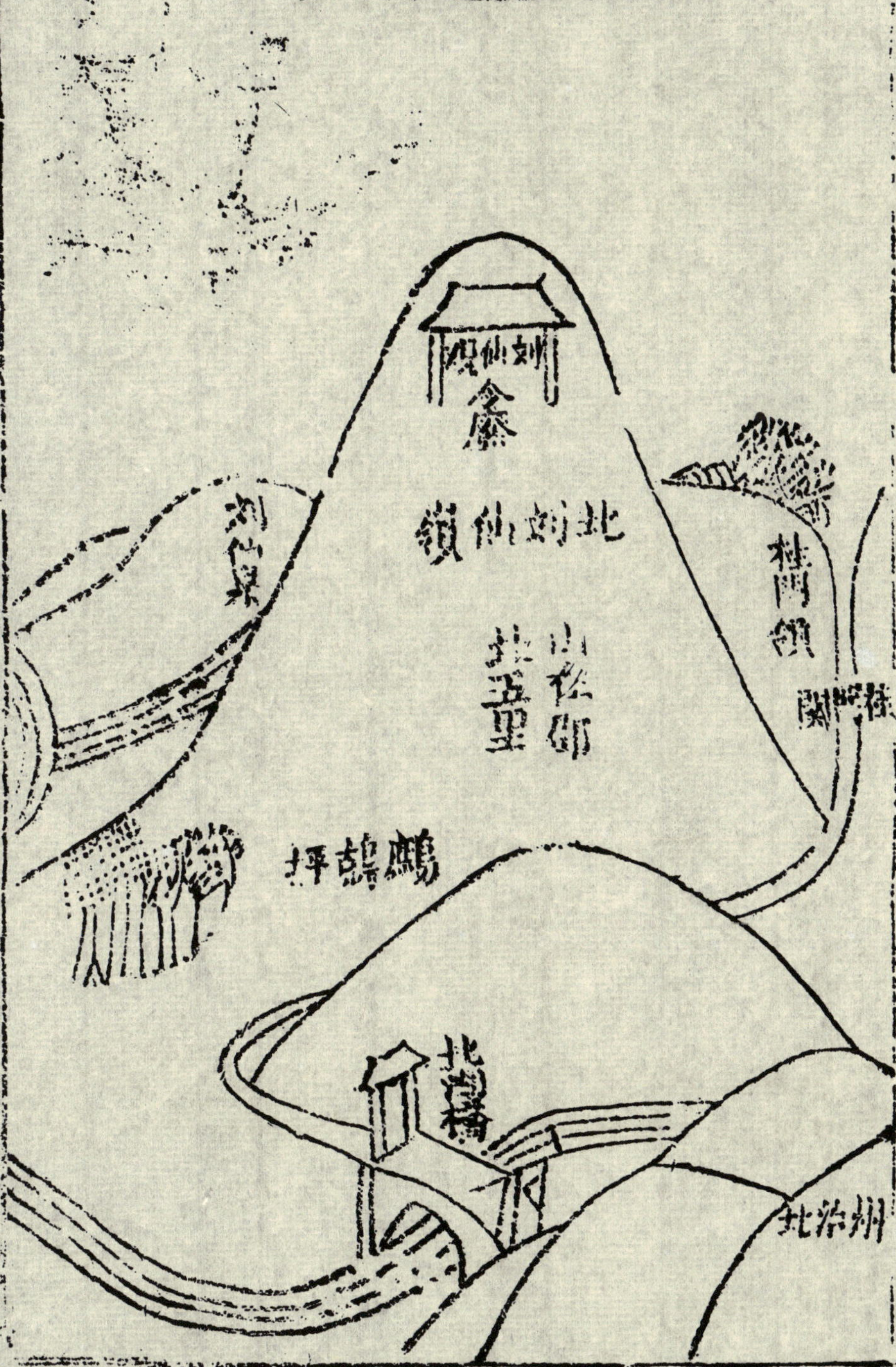

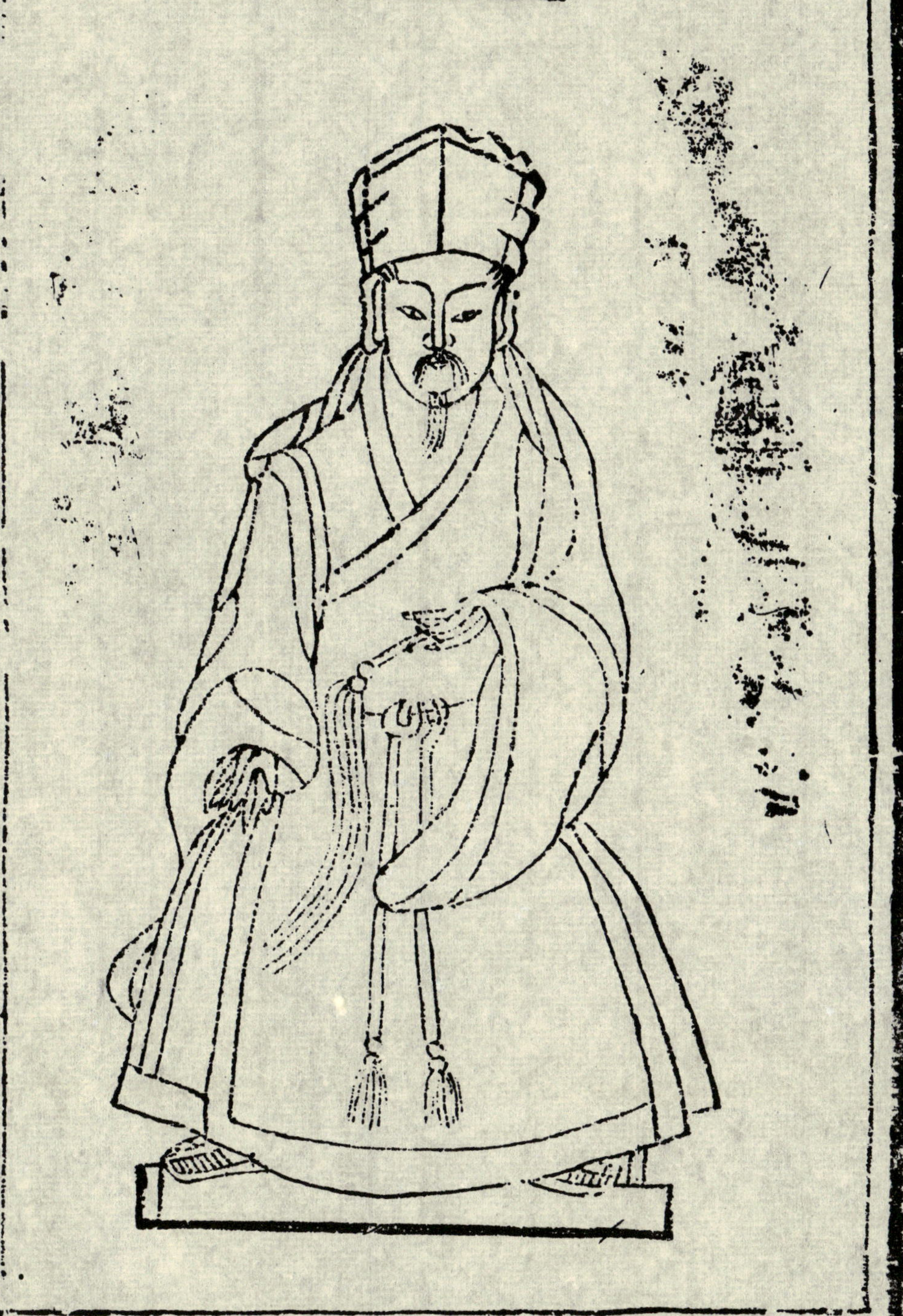

唐劉僊元德傳

劉助字元德。郴人。郎瞻之弟。年十三四能詩。音律甚工。讀書惟精意于道德經。然性慕仁孝。動遵矩矱。幼時與諸兄游。必鴈行不欲越步。食必取最下者。及長。兄瞻仙去。莫知鄉往。益悲情黄老。嘗結茅舍山林間。以不娶爲誓。瞻謂之曰。以子穎秀。取青紫如探囊。何苦爾爾。曰。富貴草上露耳。不知養性。塚兆纍纍。雖王侯何益。孰與學僊。可以長無窮乎。竟不聽。按助之言。根于韋震仙傳。載震被周幽王詔。嘆曰。人生富貴。有時而盡。何如學仙。以

郴唐刘季仙傳

卷一　三十

承世歲。乃從長桑子仙

忽一日。有二道士訪其廬。助與之談。知其非世上人也。因師事之。二人秘傳內養之術。更無脂臓。兼授以餐松服石之法。相處近月。鄉人覘其廬。有五色雲籠之。按一統志。正道真居相臯。常有白雲覆其上。遠望如百尺樓。忽曉起。一道士出廬去。言入山採藥。其一客謂助曰。採藥者。汝伯兄瞻也。偕吾來度汝。助憮然曰。某初見時。意固疑之。復叩曰。先生爲何道。七左右顧曰。君但勿泄。吾王屋真人也。按仙鑑王褒遺成。上帝賜以飛飇之車。盡傳伯術秘要。授爲太素清虛真人。主仙籍。治王屋山。助下拜。拜起。其人

不見采藥者亦不還助自此道益進服丹飲氣絕粒食者數年大中元年七月助卒時念三日埜州北五里山尸解去九月十六日贍在京師應宏辭西街遇一道士騎白騾手委奇儀前揖而問曰非進士劉幾之乎車塵市陌何大勞如此弟助已爲仙矣贍熟視大驚偕之至公所則忽失所在後郴人蔣椿往陝西見劉助從一道士策驢而行助舊與椿識相見不覺留盼椿問助何以至此助不答又問從者何人曰玉屋真人也助始得王屋真人授法故仙後常從之游言

竟乘雲騰空而去又贍友人于湘潭縣亦與助相見咸通元年八月十五日務本坊光天觀槐陰下遇白騾道士助隨之贍又見焉及贍詣宫南行九疑蒼悟之間復與助見所仙解之山嶺岁獨峙在桂門之掖今人亦名爲劉仙嶺

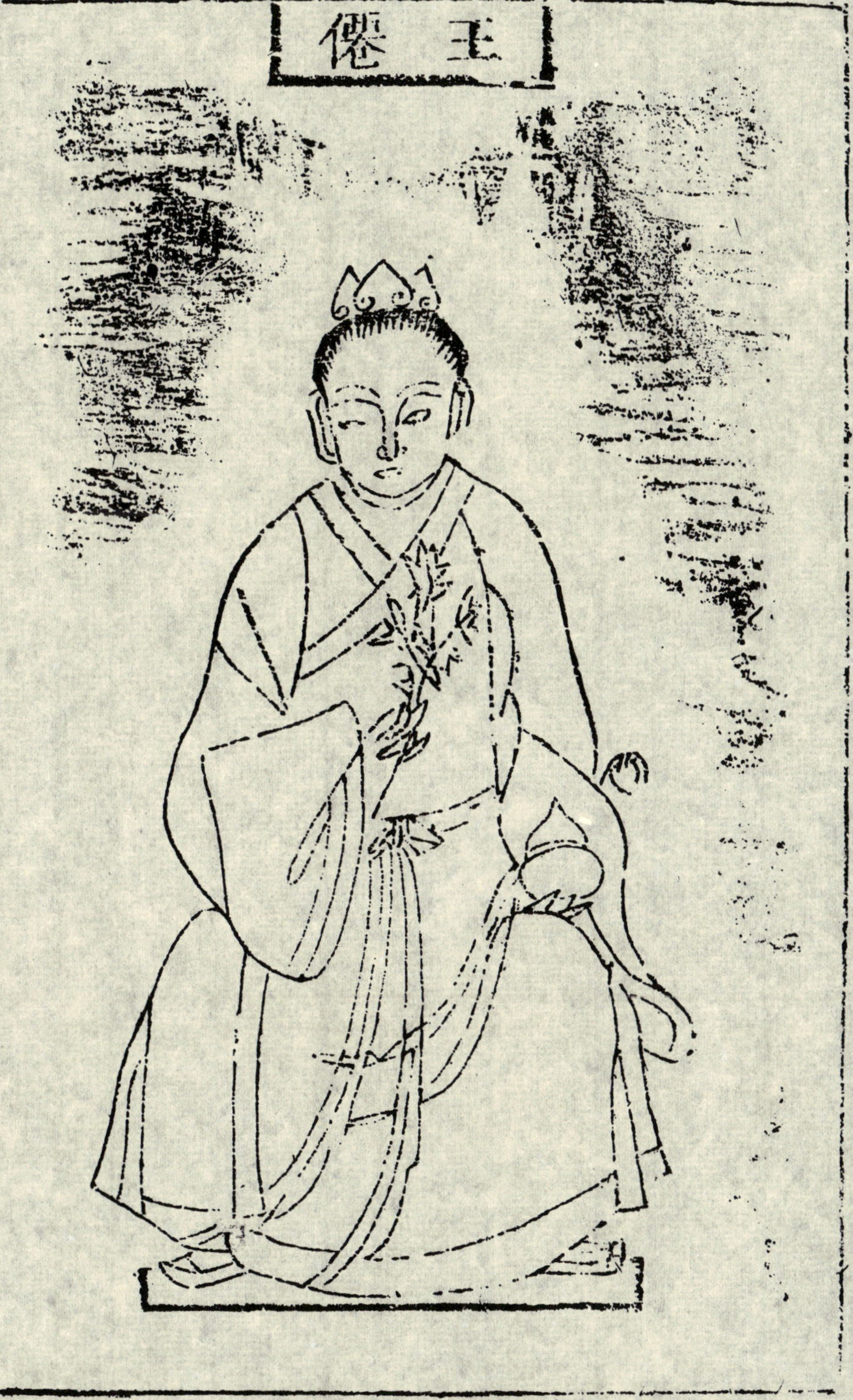
王僊

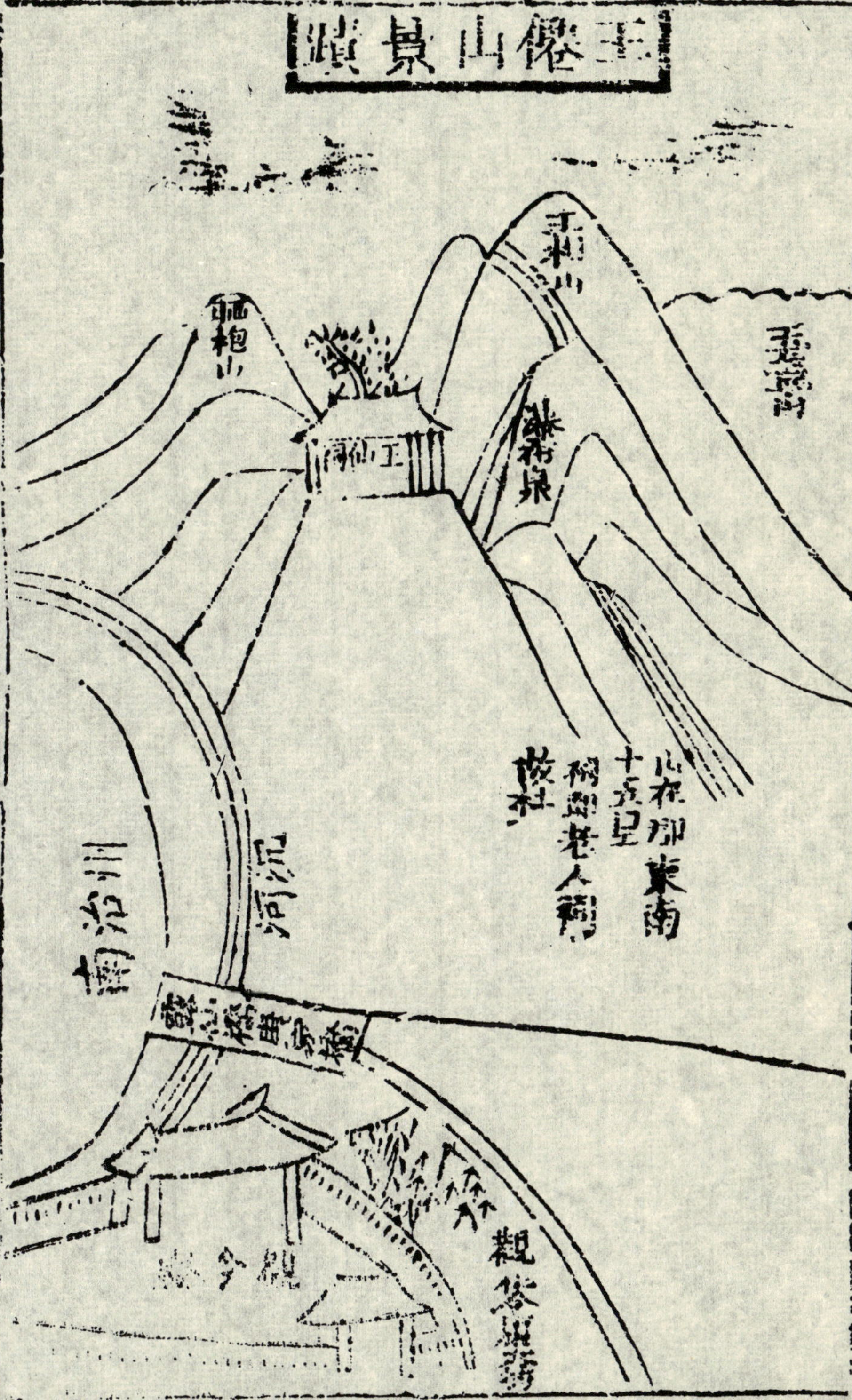
王僊山景蹟
山在郡東南十五里
俗謂老人祠
故址

唐王僊傳

王僊名錫。郴人。生唐宣宗朝。父王相素好仁義喜施捨。嘗造門持鐸勸人為善。里人有鬭爭者。相至即愧解。生平惟持素業醫。始居郡西。後結廬郡東一山中。夫婦祇生錫一人。中年而遭鼓盆。是時錫方離繈繈。相斯夕惟採藥以濟人所療活甚多。然不貪其利。祇求種德而已。人多感之。俗傳王相施藥錫早謝者鬭門。相悉郤其饋不受。衆覷曰。公有子。願登金殿。曰。茔監安得有此。曰不登金殿。願登蓬萊。相笑而謝之。年老以無疾終。鄉人以其慈愛方正。立祠祀之。

稱為老人祠。一日稱爲土穀神祠。錫生而孤貧。然標姿魁梧。才性亦俶儻不類凡人。其持事秉公道。毫髮不容私。里中皆謂王君長者。生子復如此。長襲父業。遊心方外。得神術。每取藥山巔。則毒虺猛獸隨之。若為衛護。有人遇之。則以氣禁蛇虎。皆伏不動。按仙傳彭壽有氣禁蛇虎之術。必宗齋之。乃能起。後遇異人于山中。錫逊至其家而師之。尋傳以秘書。且曰。天關鍵鑰。當善得之。計咸通十二年之秋。甘露當降于于宅。服之可上升。言竟。忽失所在。自是錫醫業大進。服其餌者[illegible]

手而愈。後奉郡差解糧至長沙郡。值長沙大疫。錫攜一藥壺至市臨門施餌不受一錢。徹郡瘥癀皆起。長沙人奉之如神明。以為盧倉再出也因遂號錫為施藥真人。（舊傳錫施藥長沙效如響或久痺而立起或已死而復甦。或一劑而愈兩三人。）歸郴。居其父所修行之山。採藥懷真。盡異人所授之道。後郡有　里人倩錫治藥老人祠。服者皆愈。全活不可勝筭至咸通十二年八月一日。甘露果降于王宅竹林中。錫曰飡松夜飲露不復火食。（按史記。漢武帝好仙。有方士請為仙人掌以承露。和玉屑飲之。可以長生。帝遂作承露盤。）

郴唐王仙傳

後棲隱于長沙山中。曰。長沙吾舊澤地也。居數年。供饋者絡繹于道。然真人已不粒食矣天復三年三月十五日。于其山白日羽化登天長沙人以其飲露成仙遂號為露仙。後即于其仙處立臺名露仙臺。為吾郡西南。舊有露仙觀。在露仙橋前。（舊志圖觀在舊社坛左。坐西東向。舊社坛在義井東露仙橋即今東家橋。按圖求之。觀當在橋南康太坊北郡今山川坛。）舊志謂為其人舊宅不久廢為雲水道堂。今雲水道堂又廢矣。老人山中之廬後即其地建為王仙觀。其所廬之山。後人遂以其名。名為王仙嶺

嶺頭有泉流東北下號爲瀑布鄉人遇旱往請水
祈求雨不爽期迄今尚有殿宇焉

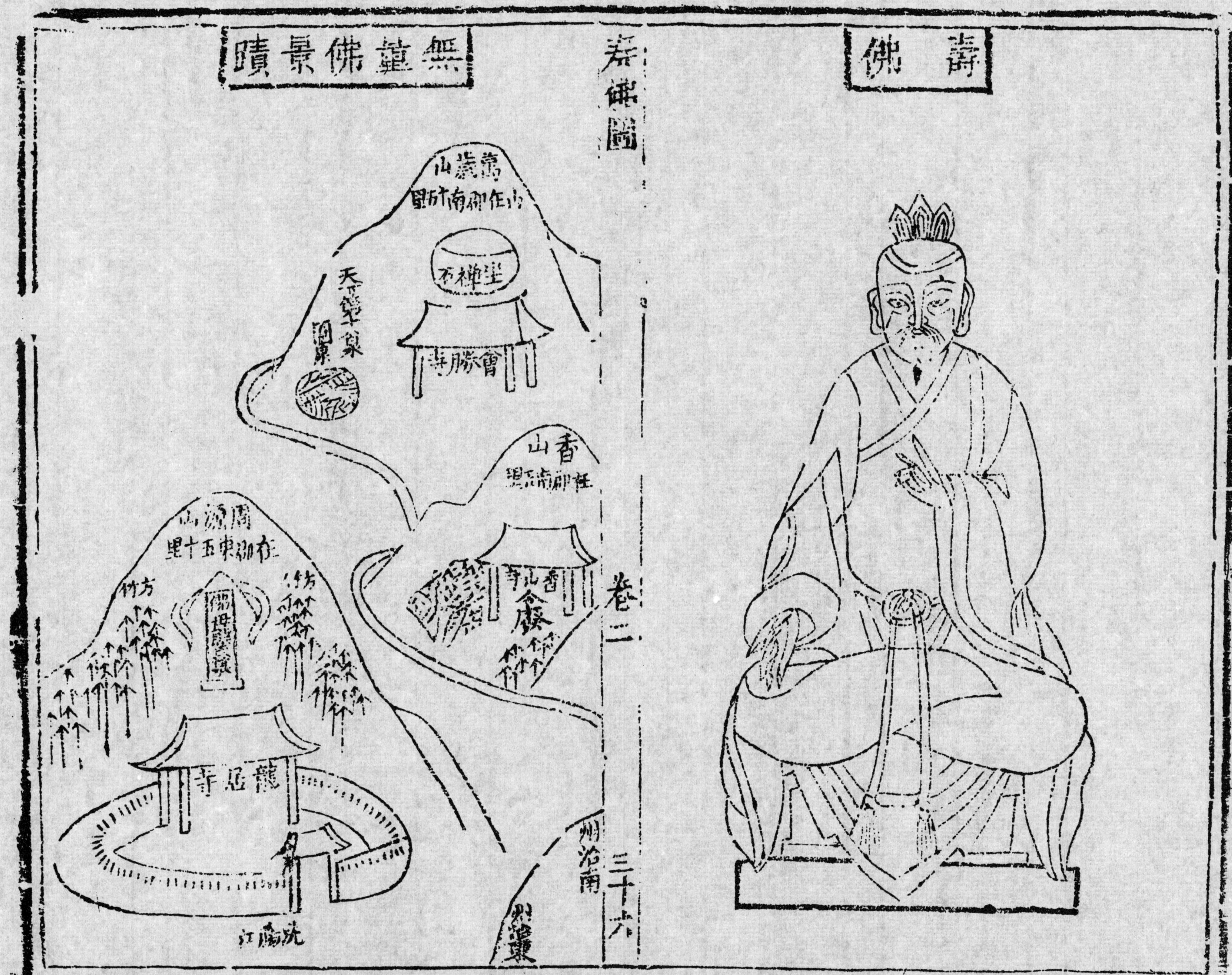

無量佛景蹟

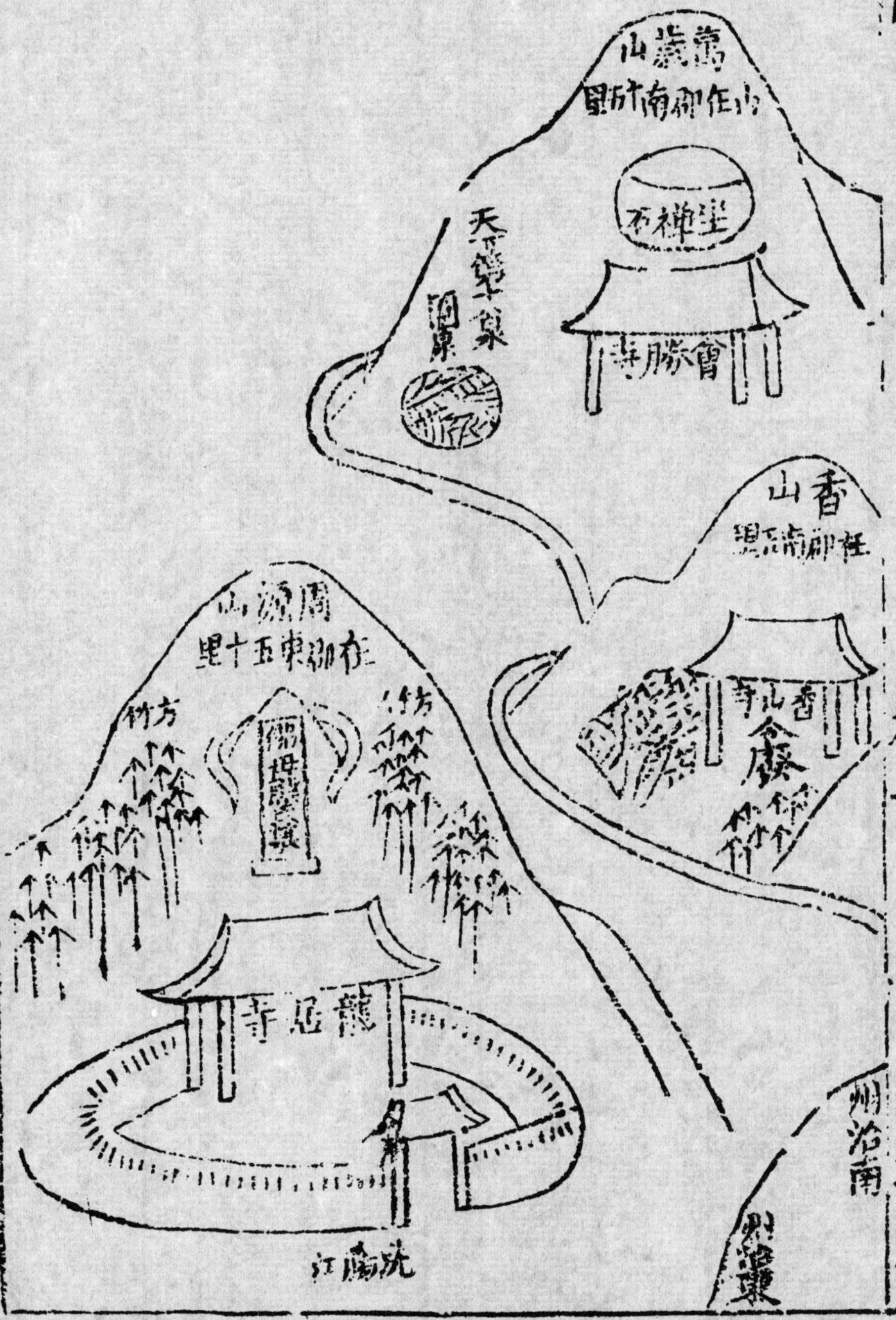

壽佛

郴陽佛傳

唐無量壽佛傳

無量壽佛，姓周氏，郴程水鄉人。（程水在郡東北五十里，資興縣界。）母熊氏產師，有摩尼入懷之兆。生而頤面大耳，骨瘠如柴，標資異人。天性好定，自幼即出家。俗相傳郴西開元寺為師披剃處。初叅徑山道欽禪師，自立禪關一所，設門扃鑰，止留一竅，歸所文卿跌其中，不間寒暑者數年。唐天寶末，辭徑山之羅浮，披

經悟法，得般若彼岸之理。嘗從一高僧觀于海上。高僧戲謂師曰：「苦海無垠，如是哉！」師蹙然曰：「是衆生之所謂苦海，而菩提之所謂性海也。」僧為之大愕然，坐師上坐而禮之。居數載，歸省其母。（按小傳：師歸省母，道程水，郴母呼其乳名，師矢之曰：「得道不母歸程，歸程道不靈。江邊逢老媼，道我舊時名。」）曰：「幾年相別，形枯容顇。」因殺鷄為黍食師，師不忍辭，承母命盡啖之。母食其一蹠。師食竟，趨（一作驟）至江滸，出腸洗之。（按續志：佛圖澄左乳旁有一孔通腹內，常以絮塞之，遇夜拔絮，則一室洞明。或齋降時，臨流引腸洗之，已復納入。）厥江遂名洗腸。（洗腸江在郡東其江淆曲亦若腸）

至今常有獨足雞浮水面焉（鷄獨足者以母食其一蹠也）郡人建剎郡南香山（香山在郡南五里舊有招提今慶寺下有香泉味頗甘洌）留師就爲道場地輕浮居爲之陷因出遊過衡州鴈峯寺衆惑者怪其形不容止宿師曰既不許宿可借行僮衆僧嗤之曰行僮難覓要泥塑金剛吾當奉汝師曰勿誰以手指一金剛儼然倒地成一健僮荷簦從師而去（今鴈峯寺天王右一位竟不可塑每塑成采繪竟不復自隤後每塑竟不得加五采）僧衆大詫相謂曰近聞郴陽出佛意其人乎師行百步衆共追之趕至渡頭及之衆僧泣跽

曰吾等不識活佛願留囬寺師揶揄曰吾是遊僧奈何言佛衆苦留不已曰五百年後吾當歸鴈峯爾以一袈裟並說一偈遺之偈云雲遊僧者悟真空千佛袈裟萬代宗山寺衆僧留不住五百年中歸鴈峯授詑師杖錫而去（俗傳師後携行僮過渡登舟舟爲之震撼渡者儔[illegible]曰子殆金剛耶言詫而行僮復隤爲泥矣）至德初游至湘源遂于湘山擬淨土院居之（湘山在全州西二里寺在山之陽舊名景德寺宋孝賜額報恩光孝寺）天下高僧從之者甚衆至會昌初一日謂衆比丘曰夫劫將至僧當易衣冠衆曰當若之何師曰

是岡攝管遂披紫雲袈衣曰無量壽衣頂青嶂冠曰
眞空法冠將頭下肉成顱挪頂上肉成髻蓋豫知
武宗欲滅釋氏教故以此自異又結庵湘山之覆
釜山覆釜山在全州西四十里今寺名光孝寺自稱無
量贈劫以來有此主也釋氏唐武之厄緇剃輩未
有漏網者唯師竟得免永州刺史韋宙遣使禮請
翌日即至四門各見其入皆出道迎惟見其一其
靈變類此者不可具述按仙鑑軒轅集得道凡民家請齋供者雖百餘處皆
分身而至又按一統志石坦遇異人授道術能分身同時詣十餘家大中時還淨土
郴唐無量壽佛傳

不易衣冠不去髭髮于咸通八年二月八日端坐
而逝時年一百三十二歲五代時以湘源多神異
改爲全州師眞身在湘山歷代封爲慈祐寂照妙
應禪師又號湘山祖師萬相主人無量壽佛華言
無量壽恭梵語所謂阿彌陀也按釋氏有佛說無量壽佛經善道
法師入大藏信手探卷得現無量壽佛經仙十六妙現卒以此得解又號萬壽念禪
師當元旦上堂有數衆僧禪語今傳于世語云從
復無際動靜一源含有德以還空越無私而迴出
昔日月今日月照無兩明昔日風今日風鼓無兩

動於其中間覓去來相不可得。何故。自他心起想處無蹤。自我心忘。忘無成迹。大衆若向這裏會去。與天地而同根。其萬物爲一體。若也未明。爲你重重頌出。元正一、卜佛家風從此出。不勞向上用工夫。歷劫何曾異今日。元正二、寂寥冷淡無滋味。趙州相喚喫茶來。剔起眉毛須瞥地。元正三。上來稽首各休談。若問香山山裏事。靈源一派碧如藍。禪語 出象教皮編。

師之宗旨。大概於此可見。初郡村中有怪人。嘗放蕩于鄉里。師至其家治而服之。怪人竟從

郴唐無量壽佛傳

師爲侍者、傳傳郴有怪人。持一物網人而食之。師至其家、母日請遊。師日無妨。惟人歸禱師不得、師以袈裟覆之。遂歸依師後歸省母、又食人。師長其味。乃得不歸。今人爲肖像于師側、號靈武天師。此神極武、而術辯多靈應。故號靈武。借悞帥作師。師所生之地爲周源山。山在郴東程水鄉。鄉人即其地爲師建剎二。一龍居寺、一廣惠寺。佛母塋龍居寺後。歲時常有雷雨爲掃其墓。塋之左右地、皆產方竹。里人多取之爲杖。距山五里有牛嶺。師嘗結靜室其下。母往省之。有頃。母渴。師卓錫得泉飲之。母饑。師扣石出饅以養。今泉鑄饅模猶在。又郴南萬歲山

師曾坐定其石間猶有盤踞迹存焉

朱佛

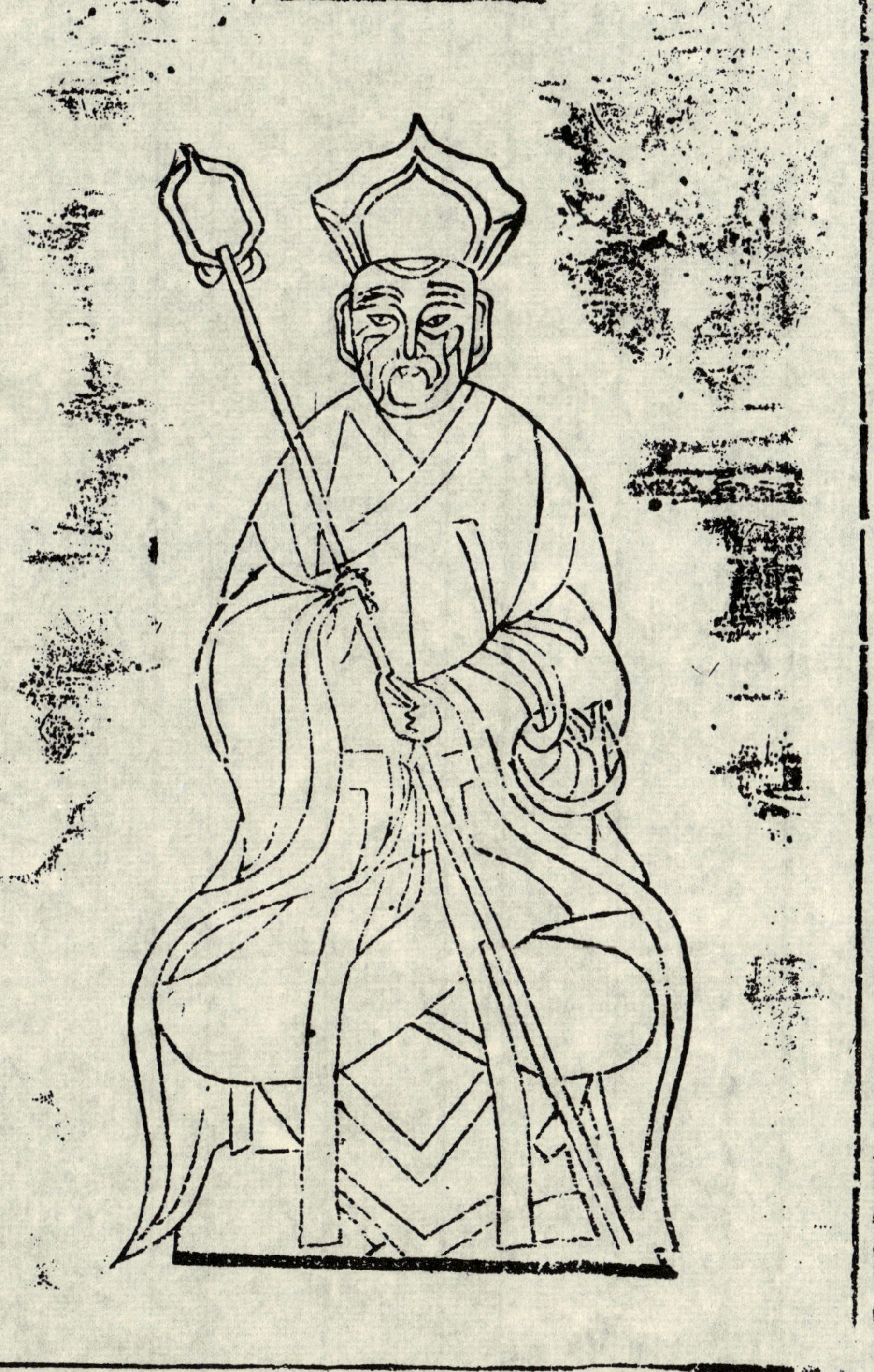

朱佛景蹟

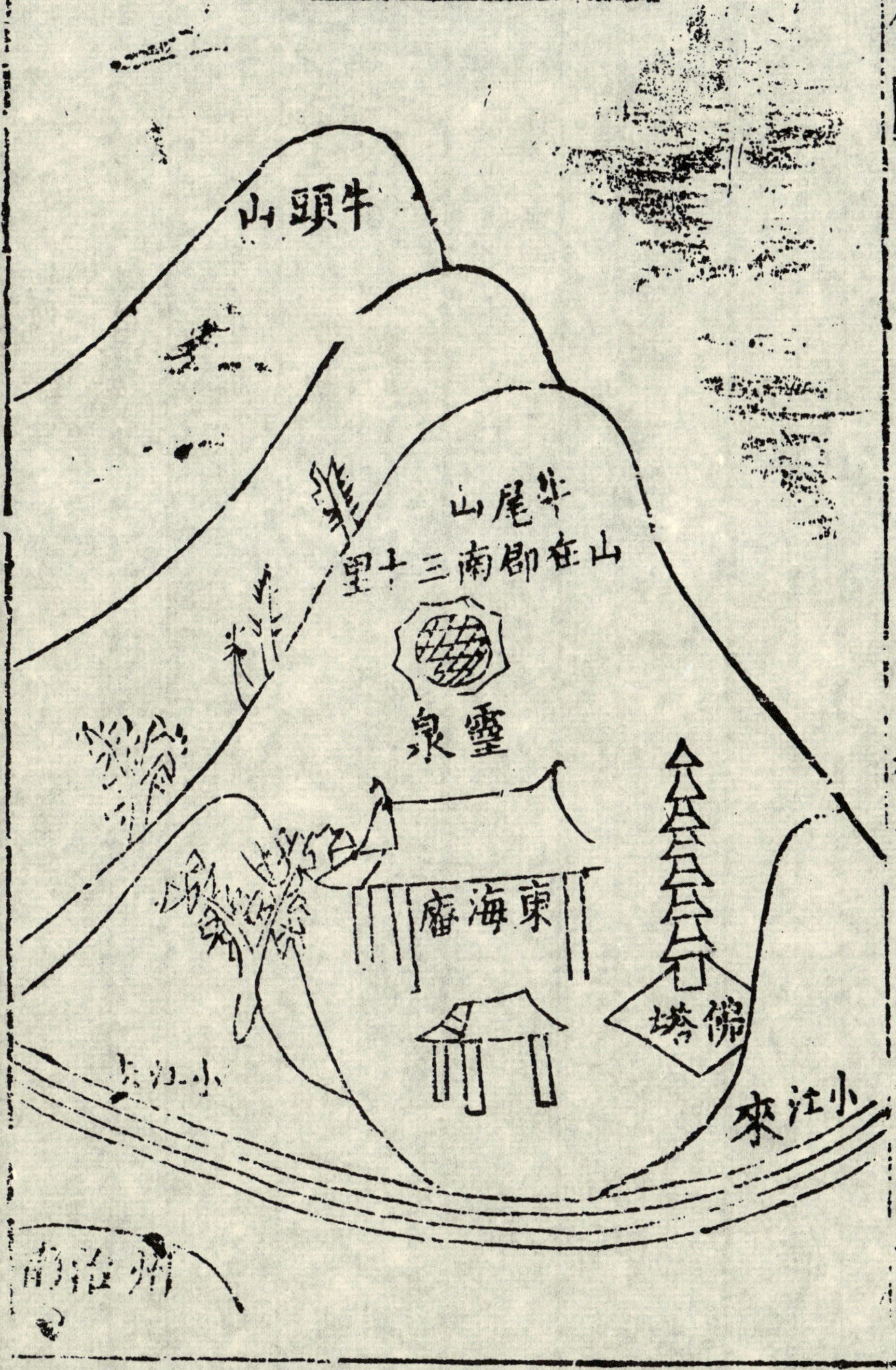
牛頭山
牛尾山
山在郡南三十里
靈泉
東海廟
佛塔
小江來
小江去
州治前

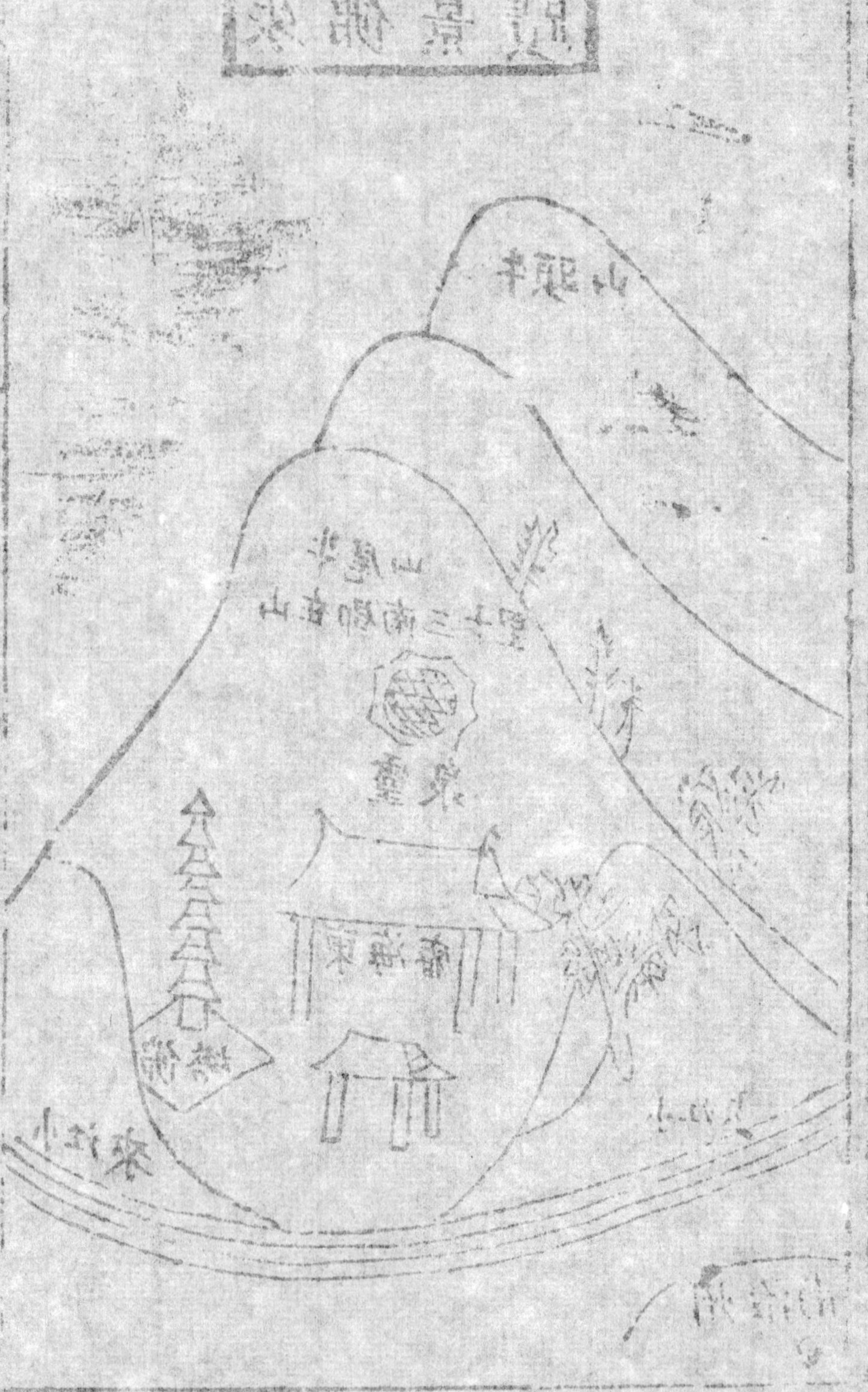

惠朱大師傳

禪師姓朱氏名道廣郴州人夙性悟空求出棄俗
禮佛從師摩頂受戒外儀軌則內樞道因參關數
載漸得一身任衡州參超和尚執弟子禮超之門
從者甚衆然朝參夕頭昏任者多圓悟者鮮超於一
衆僧之中知道廣爲菩提器矣廣師性極慧聞一
知二然心亦專確舉動真誠與衆比丘別超獨重
之衆僧謂同來參禪獨廣將得真諦無不懷憤忮
者發聲徵色超亦稍知一日談經已徹超對衆僧

曳禪杖頓地三下無有解者是夕超三更時大開
禪門惟廣一人蹴而至即禪床之下超密將鐵筋
畫灰盡傳訣旨附衣鉢即時潛奔次早僧衆方知
按法寶壇經惠能謁偈之後五祖潛至碓房能方舂米祖以杖擊碓三下而去能即會祖意三鼓入室祖盡傳衣鉢能言下大悟人盡不知事亦相類
廣師遂游南嶽諸峯皆
遍仍歸郡中居開元寺嘿無所言如訥譊狀人問
之輒不答惟厨中典作而已一歲州大旱田禾盡
槁郡牧有壇祈禱夜夢有神諳之曰今年上帝降
虐惟朱道廣大師法可以致雨郡牧醒大喜迎來

廣道則師已候門外矣。俗傳太守素師。師懲惡而出。衆皆倒拽之。曰汝其痛鳳郡。師曰吾自支之矣。爾所知。郡牧迎入。坐之上坐。師謂曰。謀築廟應呼雷致雨。吾法門餘事爾。乃命置新磁釘五貫。水其中。命童子五人。研墨傾釘內。倩太守以下皆素服迎兩師。中坐焚符。噀呪存神。頃之天雲靉靆四起。師遍體汗出。澍下如注。官士以下。白服盡黑。臭之皆作墨氣。鄉人皆驚愕。以師為非常人也。自是師名益重。振錫出遊。俗傳師致雨之后。人爭慕謁。然耶其藹歸之言。里人欲為之立道場。師止之曰。吾棲止固自有在。遂出遊韶州。止於韶州仁

壽臺。鄰丐者所居。與臺為鄰。丐者出。則強索民間。師甚惡之。乃止勿出。化令取給於己。每日持盂入城化米一升。歸就炊。以盂成飯。令丐者羣食。取於中不盡。雖人數日增。皆得飫足。後郡中乞食者。皆來就食。乞兒藉之。師曰。同在吾縣。原無彼此。天寶元年。郡大旱。郡守馮君雩祀無應。師曰。吾食於人。旱魃肆虐。當與人同病。竟詣湞武二水合流處。正坐水面。㳙洄而歸。謂人曰。雨且至矣。既而大雨。明年冬十月二日。膝坐瞑目而歿。異香盈室。今師真身在韶州西光運寺。在治城西十里。後

南漢偽劉專制，毀其寺，謚曰輔聖。已復加證真寂塁禪師。宋元豐五年賜謚曰寂通證誓大師。余襄公靖爲作塔銘焉。後郴人往迎師真身，韶人難之，遂竊師之首以歸。按壇經六祖滅后之六年，有張淨滿者，竊取大師首，歸海東供養。事與此亦相類。藏於郡南之東海庵。以東海庵師嘗爲住持故宫焉。庵在郡南西十里，牛頭山之北。師曾住持于招提中。地讖有去住牛頭，出王侯。住牛尾，出禪師。語尚傳于世。因爲浮圖以識之。浮圖在庵之左。朱師首在浮圖中，前人遊覽皆得相覲。後有婦人覷之，雷雨大作，石壘其門，自是覲者多不利。至于今。天澄夜静，其中尚有擊魚宣梵之聲。庵後

有泉出於石罅，經歲不竭不盈。千百人同時飲之不竭，說者以爲師之靈異所致

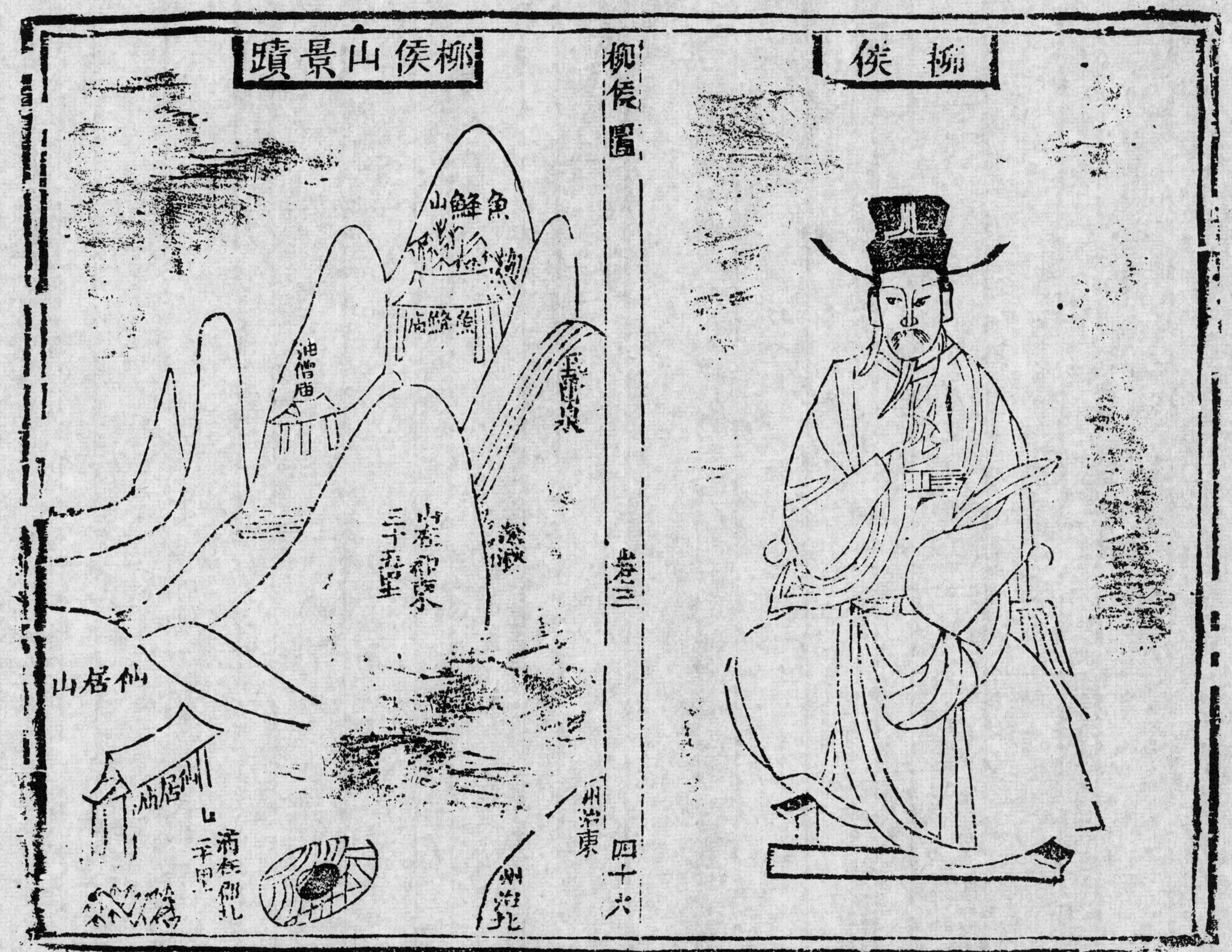

柳侯

柳侯山景蹟

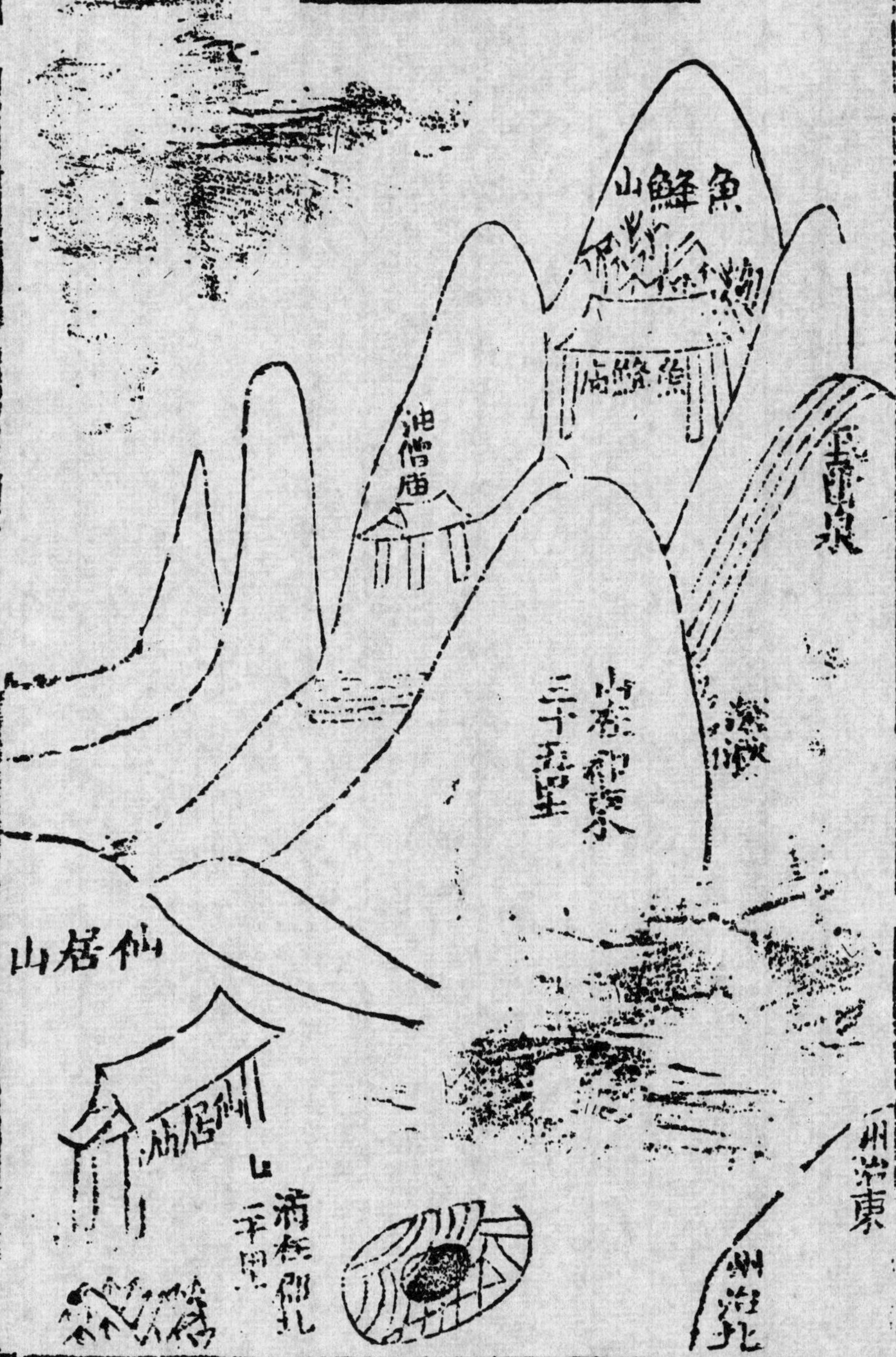

郴陽神傳

唐柳侯傳

焦彝侯柳毅洪州宜陽人。唐儀鳳中。應省試道經北里逢一女子。容甚麗。雖甚憊。牧羊于山坡按柳毅傳龍女牧羊。毅問之答曰。此雨工也。竊意行雨龍時事。無遠人而有牧雨工者。故從郡志實作牧羊前而揖毅曰妾萬家婦也爲夫家所苦。不能朝夕按龍女在萬行事多不類娣姒舅姑重之。卒以此被譴。甚常見逐執賤役。知先生應制舉促致一函書于吾父後當不忘啣結也。毅愕然

曰。歸家何在。曰妾家在洞庭。因出書洒泣授毅。毅曰願。聞其詳。曰。請先生勿異妾洞庭龍君女也。龍之宮在洞庭之陰宮前有大橘焉鄉人謂之社橘因取笄一枝授毅曰。君至可持此叩橘當有應者因再拜泣下。毅受其書且信且疑。已而至洞庭。如其言爲之俄有武夫突波閃出。曰。貴客何爲。曰。來謁大王。爾。武夫迎入。毅至其所。宮闕嵬然。見一人中坐如王者像左右示之曰。此龍王也。毅進前揖王。王驚顧曰。先生何來。毅曰。生郴人也。道過萬家

見大王愛女。來牧于野風鬟雨鬢且曰。為舅姑夫婿所棄以至于此今託毅致書于大王。因取書進君掩面泣曰。寡人有失鑒聽。遺辱愛子。言畢大泣有頃以示其宮中。宮中皆有哭聲。遂急遣謙從迎之。是日萬舍變前偶出二笋。龍女喜。治粧鈿。入閒之曰予將歸矣。人以為癡戲笑之有頃雷雨大作龍出。女跨龍而去。萬家時為泡按舊志。萬家之隔人畜第宅亡子遺者。止存一夫。驚走後山牛嶺上。地亦隨陷。今有顯迹存焉。其深亦無底止龍女歸至洞庭謝毅。龍君因以妻之。今洞庭有君主祠郎毅祠

郴唐柳侯傳

也。祠在湖中。龍雖隨水消漲。君山有柳毅祠巴陵江圻各有行祠。歷代累封。昭祐靈濟顯利忠惠王至今吾郡人過之皆得受風驅之便。若非偶爾者今萬曆乙酉。予州岸友趙省試舟至湖中時方六月。忽降桂香經日不散。滿舟皆驚。是年予州袁子讓登第。亦神之驗也。今郡東魚鮮山。有柳侯祠。識者謂侯成夫婦後歸栖于此俗傳毅夫婦歸魚鮮。有張姓易姓者。從其從欲得龍女而見之隨至鮮山龍女曰。二君暫坐。姓張相見。及龍女親粧而出。二客已坐不能起矣。遂借為將。俗呼張易二公。神最靈應鮮山之形。峯巒翠穠。四嶺劍樹隙僅容一廟。春夏陰霧四布。惟午見日。朝昏則不見也。山上

有飛流下有一湫深不可極飛流入湫聲如雷下名飛雷泉宋秦觀遊鮮山謂大似華山之勝而沃潤過之俗傳是地昔居一神僧後教夫婦據之不能勝而去（按舊志魚鮮山有神僧據之已久教夫婦見其清勝奪之僧乃于山後驅二巨石擊其廬殺夫婦竟乃以手帕絡其石至今其石具存大可數十圍一在廟前溪邊一縣廟後）元大德間里人唐明道曾于淵內游泳至一宫中親見龍女晨妝望見明道呼入問郴風俗及舊時事道因賜之犀角明珠後朝廷聞之遣官來取明珠珠經洞庭復爲龍所得道歿亦失犀角所在其萬

郴唐郴侯傳　卷三　四十九

氏所陷之池深無底極池水豐歉四時無消長池中有一巨魚出游水面長可二丈或月一出或歲一出不可常見也即今歲旱至池前禱雨多應若不應則以水牛數頭納池中攪之即有雨俗謂之攪龍湫其地陰風淅淅臨之雖盛暑髮竦天色邃靄隱隱見池中有窗櫺及門樓影焉敎封魚鮮侯迄今春秋二仲郡遣官祭之如社稷禮

黃侯山景蹟
石虎山
原庙
廟在宜章縣南三十里
石虎仙
將水寺
中州
回庙
今燬
黃侯
黃侯圖
卷三
五十

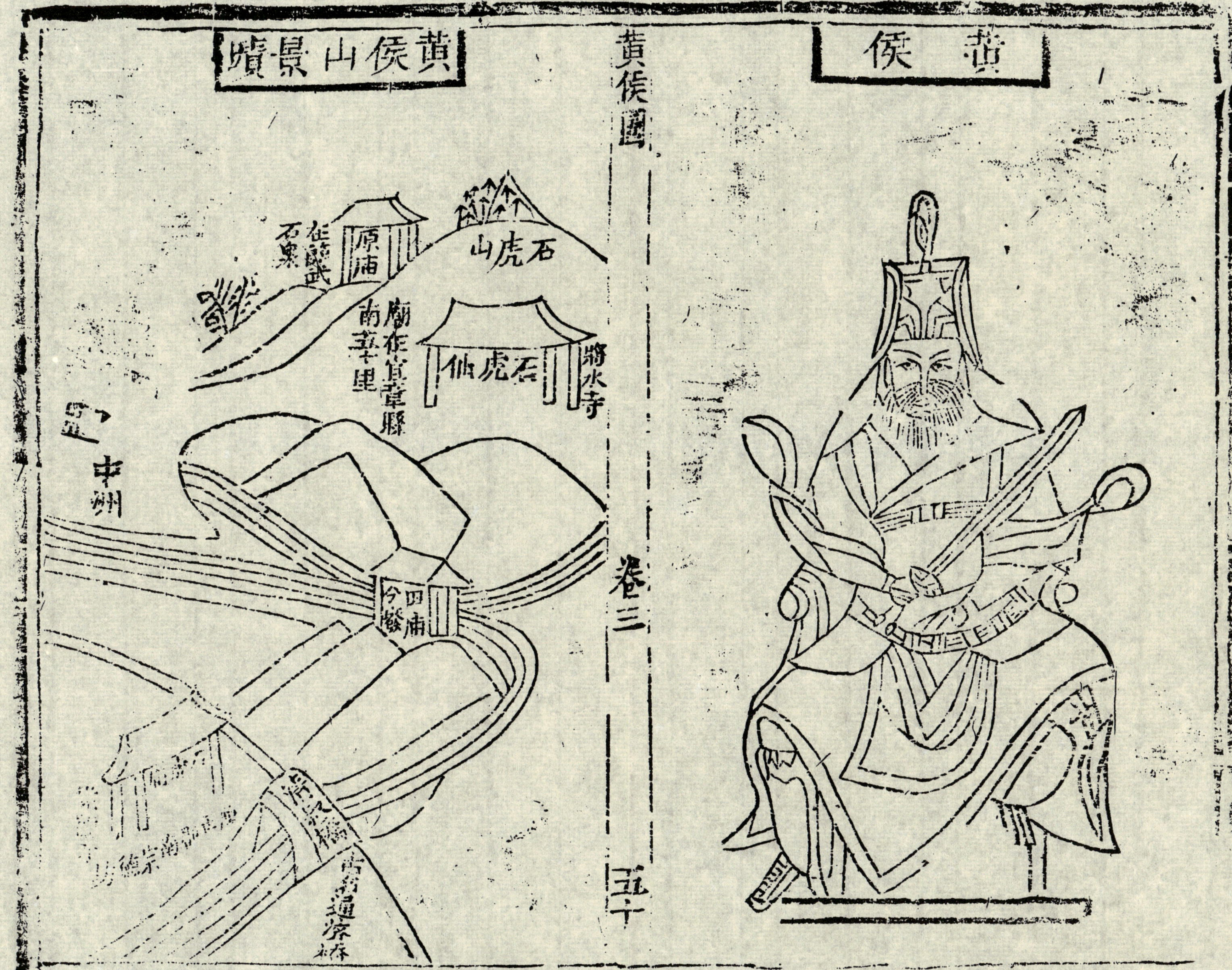

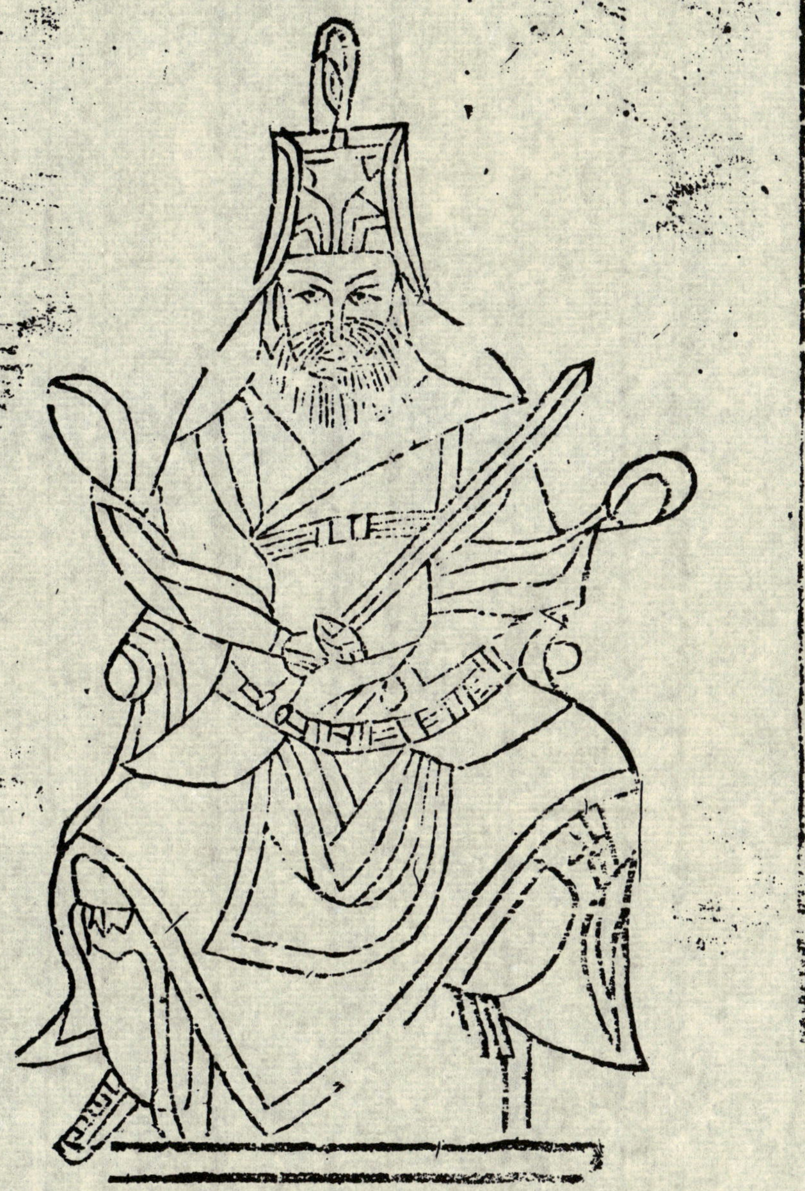

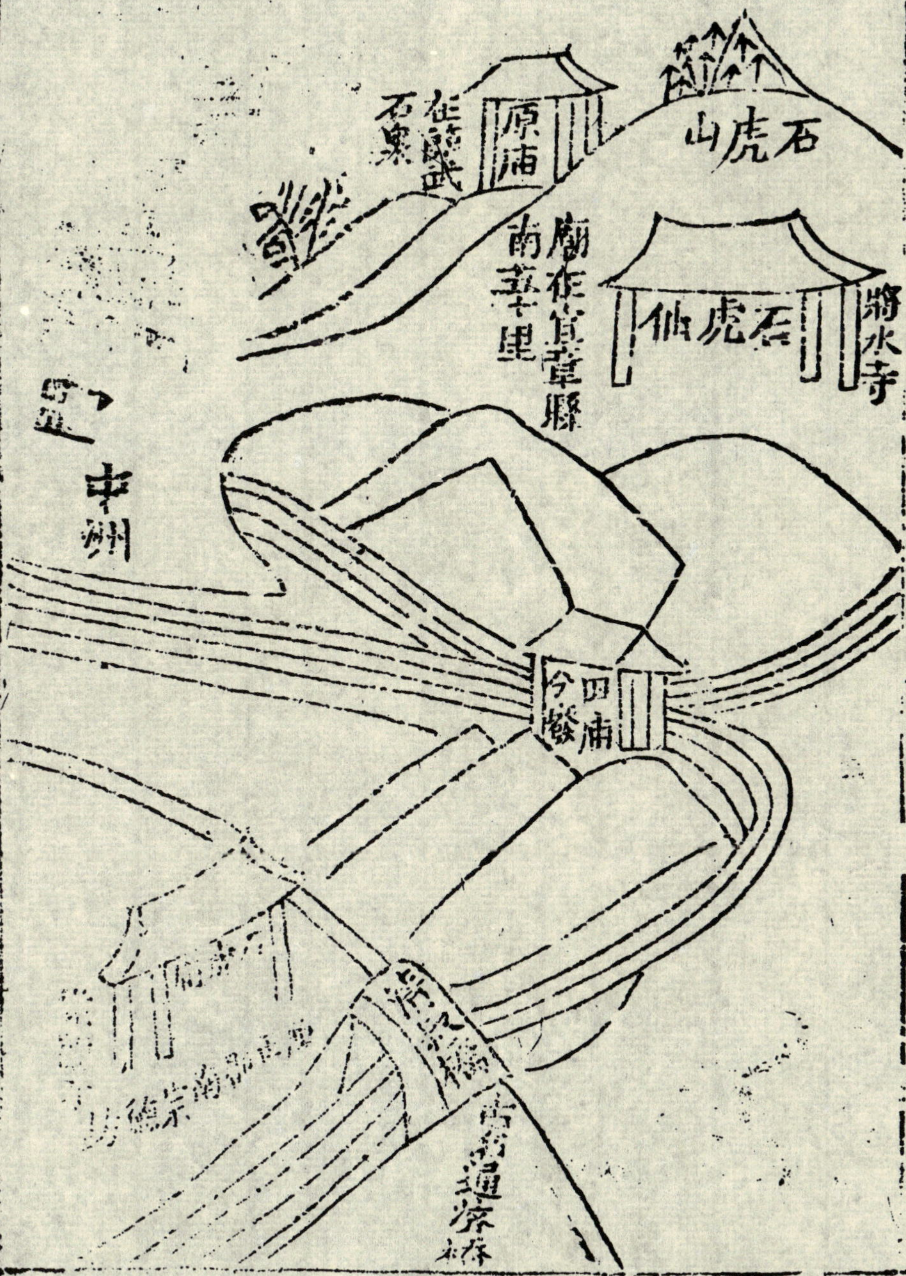

唐黃侯傳

唐石虎神武陵侯。姓黃氏。名師浩。（舊志謂侯字延勝）宜章人也。其先祖黃霸。居江夏。漢宣時為潁川守。霸之裔孫鼎舉唐永泰戊申進士。歷官大中大夫。守連州。因卜遷之松柏山居焉。遷地遙郴。其後子孫徙家于宜章之漿水。（宜章郴屬縣。漿水在縣西南十里）侯父名典文。侯生而英勇。氣志不羣。（舊志謂侯唐時為統兵。不知何許年生）嘗曰。大丈夫生當侯封萬里。死當廟食百世。後歷官為都統。奮身威武。百戰百克。竟委身以殉國難。歿而為神。侯所乘雲之地。在宜章臨武之間。每遇風雨。則隱隱見旗馬之形。聞鉦鼓之聲。先是臨武人創廟石泉。宜人仰其靈。亦立廟于漿水。刻石而像之。最有神應。（按舊志。侯石像。時或自移動。欲往此方。令人以轎舁之。神能自向其方而去）故號其廟為靈應廟。（按宝祐封侯勅。稱靈應廟。章水縈帶神宅。其間具著靈迹）廟中每至夜。如有士卒操演。干矛刁斗。徹夜乃盡。（俗傳侯夜操乃初為神時事。今亦罕聞）蓋侯生平報國之志。未竟其藴。故歿猶操戰教戎。不忘國家也。廟中有石虎。暮朝出沒不常。亦數著神異。（按郴志。元[illegible]石虎神異不可近[illegible]摩弄之）

其夜虎郎見形咆哮以恐人。父今尚然俗號侯爲石虎神。又以其初立廟臨武也。又號武陵昭德侯按寶祐勅稱武水石泉。亦有原廟。而雨暘不愆水火不災。兩邑賴之宋嘉定五年。民大疫。邑令趙彥䣓迎侯修禊。虔恭身禱。合境疫癘皆瘳。郡守以聞。勅下封廣惠侯。元景定中。郡邑大旱。兵寇且作。侯忽自跳動。郡人遂迎侯雩祀。是歲荆湘騷動。獨吾郡雨暘時若。羣鼠歛迹。寶祐四年。郴桂歲旱。兩邑人謂臨武宜章共致禱于侯。侯躍然若首肯者三。須臾雨霈然。至兩郡邑皆足。郴桂有司。具以侯之功奏。加

封廣惠靈祐侯按勅曰神之功德既無分于此疆彼界郴桂之民。自宜祀於萬億千年敍祀明咸淳甲子。又以祈雨立應。郡守諫其績以上上特頒廟額。加封廣惠靈祐顯應昭德侯明朝宣德己酉。贛寇起。民間失備。皆股栗無所措及寇臨境。倘不及闔関。梁薄郊。風沙倏起。翕見有神將跨虎領甲兵。至闐闐之聲若自天而下。羣盜皆駭相顧曰。豈神耶。抑郡有以禦我耶。遂豢攘而去。民間皆束手待斃而不知寇之退也。少頃。間諜者來白其故。始知之。有司具以狀聞。詔新搆廟宇

歲具牲幣春秋二仲邑令率屬躬祭定爲秩節後郡人爲立廟郴江之滸亦著威靈嘉靖四十年郡守葛公麟又重搆之尋爲馮東君所隤今萬曆十三年父老咸相集曰侯功庇吾郡乃一廟而不爲議復乎其何以分壘于漿水也遂貿地結廟廟在崇德山之左

附録僊誥號神勅

蘇僊誥　靈源聖景。正一黄峯出世於白鹿洞天煉丹于馬嶺福地。九僊之首。二佛之先。駕鶴白日飛昇。跨鹿碧雲端内。空垂玉手。半見金容。卽之郎靈禱之卽應。漢孝感得道蘇僊。冲素普應靜惠昭德眞人

成僊誥　武水垂虹。昌岡解蛻。噀雨而救千家之火。蜀吏而寛百姓之刑。顯靈智于犖倫。受玄丹于二鶴。遺事著録漢之績。芳名垂太嶽之詩。漢七夕得道成僊。靈慧仁慈普濟眞人

范僊誥　有懷二尺。無情四界。煉丹于鳳梧臺上修行于安吉山中。十七年功就。胡麻。百千世人瞻修範。唐天日得道范仙。仁孝玄一眞人

唐僊誥　道神變化。性自徃來。解炎生塵尾之風延客星庭中之月。伏虓虎而青門有地。跨玄鶴而白日登天。唐北山得道唐僊靜壽眞人

廖僊誥　脩身僊籍。肇跡羽衣。飛沸于靖福山悟眞于景星觀符咒治宫中之蠹。公安降渡口之魔

主眷特隆士林咸譽醻神異得道廖僊尃寂玄玅
眞人

劉大僊誥　丹成河姹植厚谷神飛昇東嶺之巔
度弟韶臺之瀞神靈顯異僊譜流芳唐羅浮得道
劉僊玅應眞人

劉二僊誥　人間宰相天上神僊讀書起自東山
弼主不忘北極抗諫疏而三秋烈日登僊界而六
月轟雷來則正氣兩間去則芳蹤三島唐忠貞得
道劉僊救民護國端方文惠眞人

附錄仙佛神號

劉三僊誥　道精玄妙談盡黃庭隱白騾于長安
受丹砂于玉屋過閩陝而誼不背友遊蒼梧而倫
重從兄廣西麓得道劉僊玄通慈悌眞人

王僊誥　青囊步武甘露承麻療人增朋嶺之高
施藥重錫山之譽遺愛猶存舊社甍對不改長沙
兩郡依歸萬代瞻依唐歡露得道王僊利澤惠愛
施藥眞人

壽佛塔號　周源出世全郡安禪遺跡靈壽山中
顯異洗腸江上易類而坐迷大壞分形而立現神

蹟。與天地而同根。共萬物為一體。南無湘山主人
無量壽周佛。慈信寂照妙應禪師

宋佛塔號　從學衡陽栖禪仁壽化鉢糧而哀契
得濟撥灰箸而衣鉢能承呼兩播兩郡之恩靈泉
顯萬年之異南無漢宋累封貞照輔聖宋佛寂通
證誓禪師

榔侯勅號　寘明共紐夫娘同神司鉏渡于洞庭
躍驪龍于陷浦。萬里踐社橋之信。千年顯魚彝之
靈。禱惡則威。爰民惟惠。唐靈應得道洞庭君主。榔

附錄仙佛神號

侯魚彝之神

黃侯勅號　石泉顯聖。漿水鍾靈。弭盜為國干城
救旱作民霖雨。忠義九歲以不易。威靈百世而如
生。唐宋累封忠勇德道廣惠靈祐顯應昭德黃侯
武陵石虎之神

郴僊佛神傳跋

天地一陰陽而已體陰陽之撰無顯不微無微不顯者儒也有微無顯者道也微入無微者釋也三教並列而惟儒爲最著且崇是以宗儒者不必問仙佛蓋篤所崇也然孔子不曰老子其猶龍乎又曰西方有聖人焉若是乎神仙佛伽之未可土羮視

也郴一彈丸地倏爾有仙有佛有神其始末事蹟載在郡誌諸書固已大畧可考矣一日偶揀家乘其中一册塵封光怪爍人予甚異焉啟而視之則予司空祖所編仙佛神傳也焚香披誦恍置我于紫府中梵王宮矣及讀橋工甫竣一語始知此傳之成在蘇仙橋告竣之日也橋在來鶴樓東

予祖始終其事其創造悽心勸諸石者昭然郴目蓋曰非此無以渡仙津超佛岸也橋成而傳亦成所謂功出言隨固應然耳然竊詡前此相傳一云出何文簡先生又云出袁元静先生今以予祖遺編讀之無餙事無繪詞無矯說與向之相傳出自何自袁者字符句同若出一手焉且予祖先

何公十八而登進士三十而列冬官造橋編傳已在倦還之日夫何以先何公而傳著後袁公而傳出而且字符句同之若是也抑何說歟蓋何先生有辨疑考袁先生有續補傳此其說之所自來也一日郡主楊公進予而問曰爾郴仙佛之所孕也豈無傳誌以示今茲昭來許者乎予因捧祖

遺編以進楊公曰茲傳也確而據質而詳壽梓諸以彰仙佛靈昭前人功予曰唯匕噫傳之成也迄百有餘歲前此若亡著秘今一旦由之兵燹之餘登諸梓而新之微楊公疇能使仙佛之靈重昭日月而予祖表彰仙佛之功煥然耳目哉噫楊公其晉椰仙佛再來人乎夫惟知仙乃能言仙知

佛乃能言佛予之爲是言也要以誌楊公之德與予祖之靈配仙佛而其成不朽故不惜村俚贅言於末若以予之有言也爲知鬼神之情狀者鄭大夫予則何敢

郴仙佛神傳跋

郴之縉紳先生如崔何袁諸公名儒也儒者之教與釋道異於仙佛鬼神之說多置之弗道乃諸公於郴之九仙二佛二侯匪惟道之且爲傳之知必有所契於中而深信其事之不誣者余釋氏也從事於釋而不能深於釋猶昌黎公從事於儒尚自謂

望孔子之門牆而不入其宮者余烏識仙佛神侯之所以然即諸公爲仙佛神侯立傳之意又烏從而知之雖然儒者以仁孝爲重傳中所載誼不忘親施必及物如劉視膳起沉痾捍患恤災靡所不至而皆爲仁孝之心所發昔柳子厚有取於僧浩初謂其與易論語合其即諸公深契於仙佛

神侯而為立傳之意乎抑又思漢唐以來仙佛神侯去今何啻數千年而有叩則應有求必獲其靈爽赫濯遐邇被澤之處千古未艾方將傳不勝傳而見述于名公先生者何可沒也余一日捧讀諸公傳覺甚殘落而板亦朽蠹不堪因倡同志募金重梓以昭示來茲非謂有得于仙佛神侯之所以然亦聊以繼前人之志云爾敬跋

大清乾隆四年歲次己未蒲月之吉

崇德山釋子係仁沐手敬書

郴城南法寶寺舊員僧官依仁助紋銀壹兩

城隍祠戒僧吾學助銀陸錢

昭德祠戒僧恒善助銀陸錢同募立

同募吏員胡坤椿助銀伍錢